Basiswissen Außenhandel

 springer-gabler.de

Das Gabler Wirtschaftslexikon – aktuell, kompetent, zuverlässig

Springer Fachmedien Wiesbaden, E. Winter (Hrsg.)
Gabler Wirtschaftslexikon
18., aktualisierte Aufl. 2014. Schuber, bestehend aus 6 Einzelbänden, ca. 3700 S. 300 Abb. In 6 Bänden, nicht einzeln erhältlich. Br.
* € (D) 79,99 | € (A) 82,23 | sFr 100,00
ISBN 978-3-8349-3464-2

- Das Gabler Wirtschaftslexikon vermittelt Ihnen die Fülle verlässlichen Wirtschaftswissens
- Jetzt in der aktualisierten und erweiterten 18. Auflage

Das Gabler Wirtschaftslexikon lässt in den Themenbereichen Betriebswirtschaft, Volkswirtschaft, aber auch Wirtschaftsrecht, Recht und Steuern keine Fragen offen. Denn zum Verständnis der Wirtschaft gehört auch die Kenntnis der vom Staat gesetzten rechtlichen Strukturen und Rahmenbedingungen. Was das Gabler Wirtschaftslexikon seit jeher bietet, ist eine einzigartige Kombination von Begriffen der Wirtschaft und des Rechts. Kürze und Prägnanz gepaart mit der Konzentration auf das Wesentliche zeichnen die Stichworterklärungen dieses Lexikons aus.

Als immer griffbereite „Datenbank" wirtschaftlichen Wissens ist das Gabler Wirtschaftslexikon ein praktisches Nachschlagewerk für Beruf und Studium - jetzt in der 18., aktualisierten und erweiterten Auflage. Aktuell, kompetent und zuverlässig informieren über 180 Fachautoren auf 200 Sachgebieten in über 25.000 Stichwörtern. Darüber hinaus vertiefen mehr als 120 Schwerpunktbeiträge grundlegende Themen.

€ (D) sind gebundene Ladenpreise in Deutschland und enthalten 7% MwSt; € (A) sind gebundene Ladenpreise in Österreich und enthalten 10% MwSt. sFr sind unverbindliche Preisempfehlungen. Preisänderungen und Irrtümer vorbehalten.

Jetzt bestellen: springer-gabler.de

Heinz Werner

Basiswissen Außenhandel

Global Sourcing: Von der Kontaktaufnahme bis zur Verzollung

2., korrigierter Auflage

Heinz Werner
Wollbach
Deutschland

ISBN 978-3-658-08714-2 ISBN 978-3-658-08715-9 (eBook)
DOI 10.1007/978-3-658-08715-9

Die Deutsche Nationalbibliothek verzeichnet diese Publikation in der Deutschen Nationalbibliografie; detaillierte bibliografische Daten sind im Internet über http://dnb.d-nb.de abrufbar.

Springer Gabler
© Springer Fachmedien Wiesbaden 2014, 2015
Das Werk einschließlich aller seiner Teile ist urheberrechtlich geschützt. Jede Verwertung, die nicht ausdrücklich vom Urheberrechtsgesetz zugelassen ist, bedarf der vorherigen Zustimmung des Verlags. Das gilt insbesondere für Vervielfältigungen, Bearbeitungen, Übersetzungen, Mikroverfilmungen und die Einspeicherung und Verarbeitung in elektronischen Systemen.
Die Wiedergabe von Gebrauchsnamen, Handelsnamen, Warenbezeichnungen usw. in diesem Werk berechtigt auch ohne besondere Kennzeichnung nicht zu der Annahme, dass solche Namen im Sinne der Warenzeichen- und Markenschutz-Gesetzgebung als frei zu betrachten wären und daher von jedermann benutzt werden dürften.
Der Verlag, die Autoren und die Herausgeber gehen davon aus, dass die Angaben und Informa-tionen in diesem Werk zum Zeitpunkt der Veröffentlichung vollständig und korrekt sind. Weder der Verlag noch die Autoren oder die Herausgeber übernehmen, ausdrücklich oder implizit, Gewähr für den Inhalt des Werkes, etwaige Fehler oder Äußerungen.

Gedruckt auf säurefreiem und chlorfrei gebleichtem Papier

Springer Fachmedien Wiesbaden ist Teil der Fachverlagsgruppe Springer Science+Business Media
(www.springer.com)

*Es ist nicht genug zu wissen,
man muss auch anwenden,
es ist nicht genug zu wollen,
man muss auch tun.
(Johann Wolfgang von Goethe)*

Vorwort

Warum wird dieses Kompaktbuch geschrieben? Sicher nicht, um den vielen kompetenten und oft sehr umfangreichen Veröffentlichungen über Außenhandel – warum Außenhandel, Theorie des Außenhandels, Außenhandelstechniken etc. – noch eine weitere hinzuzufügen. Es wäre auch überflüssig, die vielen existierenden akademisch-theoretischen oder mehr praxisorientierten Abhandlungen zu vermehren.

Nein, der Grund liegt darin, dass mich viele Studenten und Dozenten nach arrangierten Gastvorlesungen im In- und Ausland angesprochen und mir vorgeschlagen haben, den Inhalt meiner Vorträge und die geschilderten überaus praxisorientierten Themen zusammenzufassen und zu veröffentlichen. Ich beabsichtige *nicht*, angesprochene Vorgehensweisen und Sachgebiete in allen Einzelheiten und allen möglichen Variationen zu beschreiben oder außenhandelstechnische Abläufe und historische Hintergründe detailliert zu schildern.

Dieses Buch ist vor allem für Neueinsteiger und außenhandelsinteressierte Studenten gedacht, die **sofort praktisch verwertbares Basiswissen** erwerben möchten. Besonders denke ich dabei an Mitarbeiter und Importsachbearbeiter von Start-ups und speziell von Klein- und Mittelunternehmen (KMUs), die ihre wirtschaftlichen Aktivitäten über Binnengrenzen hinweg ausdehnen möchten oder ihr Beschaffungswesen internationalisieren müssen. Dies soll keine Abhandlung für Theoretiker sein, sondern eine Anleitung für Akteure, die in Kurzform erfahren möchten, wie sie in der Praxis und im

Betriebsalltag bei Außenhandelsgeschäften – speziell bei der Einfuhr – vorgehen müssen.

Installieren Sie imaginäre Warnleuchten, die aufleuchten, wann immer Sie nicht absolut sicher sind, wie genau Sie vorgehen und was genau Sie im speziellen Fall beachten müssen. Informieren Sie sich **vor Vertragsabschluss**, nachher kann es sehr teuer werden!

Meine persönlichen Erfahrungen langjähriger, weltweiter und sehr intensiver Außenhandelstätigkeiten und längerer Auslandsaufenthalte sind selbstverständlich mit berücksichtigt und ausschlaggebend für dieses Buch. Die 2. Auflage wurde korrigiert und leicht aktualisiert.

Heinz Werner

Inhaltsverzeichnis

1 **Einleitung** 1
   1.1 Was sind Klein- und Mittelbetriebe? 4
   1.2 Welche Rolle spielt die WTO (früher GATT)? 8

2 **Kontaktsuche (Sourcing)** 13
   2.1 Staatliche Hilfen 13
   2.2 Private Aktivitäten 18

3 **Organisation des Einkaufs** 21
   3.1 Was versteht man unter Beschaffung/Einkauf
       (Sourcing)? 21
   3.2 Organisationsformen 22
       3.2.1 Spot-Beschaffung (Spot sourcing) 22
       3.2.2 Kooperative Käufer-Lieferantenbeziehung .. 22

4 **Verhandlungen** 25

5 **Interkulturelle Kommunikation** 29

6 **Nachhaltigkeit – Sozialstandards – CSR** 33

7 **Risiken** 45
   7.1 Politische Risiken 46
   7.2 Wirtschaftliche Risiken 47

7.3	Soziale und kulturelle Risiken	47
7.4	Technische Risiken	48
7.5	Länderrisiken	48

8 Preisgestaltung ... 51

9 Liefer- und Zahlungsbedingungen im Außenhandel ... 53
   9.1 Lieferbedingungen ... 54
   9.2 Zahlungsbedingungen ... 56

10 Dokumente ... 59

11 Qualitäts- und Lieferüberwachung ... 63

12 Verzollung ... 67
   12.1 Klärung der Begriffe ... 67
   12.2 Wie werden Drittlandswaren eingeführt? ... 69
   12.3 Dumping (Antidumping-Maßnahmen) ... 72
   12.4 Sonderregelungen – Spezielle Abkommen ... 77
        12.4.1 Präferenzen ... 77
        12.4.2 Kritische Anmerkungen zu den Präferenzen ... 80

13 Status quo und Ausblick ... 83
   13.1 Status quo des deutschen Außenhandels ... 83
   13.2 Ausblick und Schlusswort ... 86

Literatur ... 93

Abkürzungsverzeichnis

AO	Abgabenordnung
APA	Asien-Pazifikausschuss der deutschen Wirtschaft
AWG	Außenwirtschaftsgesetz
BGA	Bundesverband Groß-und Außenhandel, Dienstleistungen, Berlin
BIP	Brutto-Inlandsprodukt
BRICS- Staaten	Brasilien, Russland, Indien, China, Südafrfika
CSR	Corporate Social Responsibility
EU	Europäische Union
EuroCommerce	Europäischer Handelsverband
FTA	Foreign Trade Agreement, Foreign Trade Association (Verband)
FLA	Fair Labour Association
GATT	General Agreement on Tariffs and Trade
GSP	Allgemeines Präferenzsystem
ICC	International Chamber of Commerce, Internationale Handelskammer, Paris
KMU	Klein- und Mittelunternehmen
ILO	International Labour Organization
ISO	International Organization for Standardization

LGAD	Landesverband Groß- und Außenhandel, Dienstleistungen, München
NGO	Non-Government Organization
SMEs	Small and Medium Enterprises
UN	United Nations
WTO	World Trade Organization

Einleitung 1

Als eine der führenden Wirtschaftsnationen spielt Deutschland selbstverständlich auch im Außenhandel eine sehr bedeutende Rolle. Deutschland war im Jahr 2012 **drittgrößter Exporteur** (nach China und den USA), der Anteil am **Welthandel** betrug 7,7 %. Die Exportquote (Anteil der Ausfuhren von Waren und Dienstleistungen am BIP) lag bei 51,1 %, die Importquote bei 45,8 %. 69 % der Exporte wurden mit Ländern Europas abgewickelt, davon 57 % als **Intrahandel**, d. h. Warenverkehr innerhalb der EU. Nahezu jeder vierte Arbeitsplatz (24 %) hängt direkt oder indirekt vom Export ab. In der Industrie sogar jeder zweite, nämlich 55 % [1] (Abb. 1.1).

Angesichts fortschreitender Globalisierung der Weltwirtschaft und zunehmender Internationalisierung aller Geschäfte benötigt gerade eine so außenhandelsintensive Volkswirtschaft wie Deutschland Firmen, die dieser Herausforderung gewachsen sind und sich im weltweiten Wettbewerb behaupten können.

Dies erfordert fortlaufend große Anstrengungen in der Ausbildung von Fachkräften und in der Vermittlung von außenhandelstechnischem Know-how. Besonders gefordert sind dabei Schulen, Hochschulen und Universitäten, ganz speziell aber auch die Unternehmen selbst und deren Willen und Fähigkeit, im Training und der Ausbildung hohe Maßstäbe zu setzen und diese auch einzufordern.

Exporte			Importe			Außenbeitrag		
insgesamt	Waren	Dienstleistungen	insgesamt	Waren	Dienstleistungen	insgesamt	nachrichtlich	
							gegenüber EU-Mitgliedstaaten	gegenüber Drittländern
Mrd. Euro								
1 362,6	1 163,2	199,4	1 211,0	987,9	223,0	151,6	85,2	66,4
Veränderung gegenüber Vorjahr								
in %						in Mrd. Euro		
+ 4,7	+ 4,6	+ 5,8	+ 3,6	+ 3,2	+ 5,4	+ 20,0	- 6,3	+ 26,3
in % Bruttoinlandsprodukt								
51,5	44,0	7,5	45,8	37,4	8,4	5,7	3,2	2,5

Abb. 1.1 Fakten zum deutschen Außenhandel 2012: Außenhandelsergebnisse im Jahr 2012

Neben reinem Fachwissen müssen vermehrt IT-Fähigkeiten, Weltoffenheit, interkulturelle Kompetenz und natürlich das Beherrschen von Fremdsprachen gelehrt werden.

Die Lösung kann nicht in überzogener Akademikerausbildung liegen, sondern in einem höheren Stellenwert berufsbezogener Bildung (Vocational Training) mit breitem Allgemeinwissen. Es wäre gut, wenn Übergänge und Austausch zwischen diesen beiden Bereichen häufiger wären und unvoreingenommen die jeweiligen Kernkompetenzen genutzt würden.

Durch die Globalisierung veränderten sich in einem permanenten Prozess selbstverständlich auch die Beschaffungsmärkte. Große Handelsunternehmen – sehr oft Kunden des Mittelstandes im Handel – nutzen vermehrt die größere Transparenz auf den Weltmärkten und die Möglichkeiten des Direkteinkaufs. Es entstanden ganz neue Vertriebskanäle wie **Multi-Channel Distribution** und **Controlled Distribution** verbunden mit größerer Vertikalisierung und mit mehr direktem Kontakt zum Konsumenten.

Die Antwort darauf kann nur sein, sich seitens der inländischen Lieferanten noch intensiver um Beschaffungsmöglichkeiten zu kümmern und den Kunden das bestmögliche Produkt zum konkurrenz-

1 Einleitung

fähigsten Preis anzubieten. Internationale Beschaffung und Nutzen aller weltweiten Lieferquellen sind dabei unumgänglich.

Als bemerkenswert innovativ und krisenresistent haben sich die deutschen Klein- und Mittelunternehmen (KMU), also der **Mittelstand**, gezeigt. Hier einige Zahlen dieses dynamischen „Jobmotors":

> Anzahl der Firmen in %: 99,5
> Beitrag zum „Economic Added Value" in %: 53,8
> Beschäftigte im Privatsektor in %: 60,9
> Zwischen 2002 und 2008 schuf dieser Sektor 500.000 neue Jobs. Von 2008 bis 2010 gehen Schätzungen von einer Beschäftigungszunahme von ca. 0,5 % aus (für Frankreich hingegen wird eine **Abnahme** in dieser Zeit von 4,5 % angenommen) [2].

Es handelt sich in der Regel um eigentümergeführte Unternehmen, die sich EU-weit durch ähnliche strukturelle Charakteristika auszeichnen. Ein großer Wettbewerbsvorteil liegt in ihrer hohen Flexibilität, ihren meist schlanken und entscheidungsschnellen Strukturen und in der größeren Kunden- und Marktnähe. Oft auch in einer höheren Loyalität der Mitarbeiter.

Gerade für Klein- und Mittelbetriebe ist es entscheidend, in einem **verlässlichen und planbaren wirtschaftsfreundlichem Umfeld** arbeiten zu können. Es muss Hauptaufgabe staatlicher Stellen sein, solche positiven Rahmenbedingungen zu schaffen und die Kernkompetenzen von KMUs zu stärken, ohne ihre Kreativität und Entscheidungsbefugnis ungebührlich einzuschränken.

In diesem Zusammenhang sollten bestehende Wettbewerbsregeln sowie unterschiedliche Ausgangslagen bei Preis- und Lieferverhandlungen zwischen kleineren Zulieferern und Großabnehmern (Autoindustrie, Großdiscounter, global operierende Handelsbetriebe) durchaus kritisch beobachtet werden. Es darf nicht zu unfairen Wettbewerbsverzerrungen aufgrund schierer Größe oder Marktmacht kommen!

1.1 Was sind Klein- und Mittelbetriebe?

Das Institut für Mittelstandsforschung in Bonn (IfM) verwendet zum Beispiel eine andere Definition als die EU, weil nicht nur quantitative, sondern auch qualitative Aspekte (wie Haftung und Risiko) berücksichtigt werden:

▶ **IfM-Definition für KMU**
Bis 9 Beschäftigte+weniger als 1 Mio. € Jahresumsatz=kleine Unternehmen
Bis 499 Beschäftigte+Jahresumsatz unter 50 Mio. €=mittlere Unternehmen

▶ **EU-Definition für KMU**
Die Europäische Union hat die Definition 2005 revidiert und legte folgende Zahlen fest:
KMU (oder engl. SMEs=Small and Medium Enterprises) sind Unternehmen, die

- weniger als 250 Personen beschäftigen
- und die entweder einen Jahresumsatz von höchstens 50 Mio. € erzielen
- oder eine Jahresbilanzsumme von max. 43 Mio. € aufweisen.

Nach dieser Definition gibt es EU-weit ca. 23 Mio. KMUs, die etwa 75 Mio. Arbeitsplätze und ca. 99 % aller Unternehmen stellen.

Einer Pressemitteilung von eurostat vom November 2013 ist zu entnehmen, dass 40 % der Beschäftigten in nichtfinanziellen Unternehmen der erweiterten EU (EU 28) für Klein- und Mittelbetriebe

1.1 Was sind Klein- und Mittelbetriebe?

arbeiteten. Von ca. 22 Mio. Betrieben im nichtfinanziellen Bereich waren 7 % KMUs (10–249 Beschäftigte) und 93 % **Microunternehmen** (weniger als 10 Beschäftigte). Nach EU-Angaben kommt jedes fünfte mittelgroße Unternehmen der EU aus Deutschland.

2010 entfielen auf KMUs mehr als zwei Drittel (87,5 Mio) aller Arbeitsplätze in der Privatwirtschaft. Ihr Anteil an der Gesamtbruttowertschöpfung betrug 58,4 %. Kommissions-Vizepräsident Tajani sagte: „Die Erholung 2010 ging von KMUs aus. Dies zeigt deutlich, wie wichtig sie für Wachstum und Beschäftigung sind." KMUs bilden weiterhin das wirtschaftliche Rückgrat der EU.

Die Bedeutung von SMEs und der politische Wille der Kommission spiegeln sich im **Small Business Act (SBA)** wider, der 2008 angenommen wurde und die zentrale Rolle des Mittelstandes für die Europäische Wirtschaft anerkennt. Er hat für die Mitgliedsstaaten keine unmittelbare gesetzliche Wirkung, sondern nur appellativen Charakter. Er setzt sich aus mehreren Prinzipien zusammen, welche die Erarbeitung und Umsetzung der Politik auf EU- und nationaler Ebene bestimmen.

Angestrebt werden (unter anderem):

- Abbau von Bürokratie
- besserer Zugang zum Kapital- und Finanzmarkt für SMEs
- leichtere und einfachere Kreditmöglichkeiten
- Erleichterung von Unternehmensgründungen
- Stärkung des Unternehmergeistes (Entrepreneurial Spirit)
- Erleichterung des Marktzugangs

Um die Umsetzung der SBA-Prinzipien zu fördern und zu überwachen, werden laufend Fortschrittsberichte erstellt und die Fachminister der Mitgliedstaaten angehalten, für zügige Implementierung zu sorgen. SME envoys, also KMU-Botschafter der Mitgliedstaaten, treffen sich regelmäßig, um weitere Maßnahmen einzuleiten. Sie sind darüber hinaus kompetente Ansprechpartner für Unternehmen in ihren Ländern.

> Auf der **SME-Botschafter-Konferenz** im März 2014 in München wurden folgende vier Bereiche als priority Areas festgelegt:
>
> - Zugang zu Finanzen
> - Förderung von Unternehmertum
> - Reduktion bürokratischer Hürden
> - Marktzugangshilfen
>
> Als weitere, wichtige Kriterien für SMEs wurden **Kenntnisse, Qualifikation, Training und Ausbildung** (besonders in Schlüsseltechnologien) sowie **Wachstum und Beschäftigung** genannt.

Es fällt auf, dass bei Bewerbungs-Workshops oder Vorstellungs- bzw. Evaluierungs-Veranstaltungen an Universitäten oder Fachhochschulen kaum Firmen aus dem Bereich von Klein- und Mittelunternehmen zu finden sind, sondern nahezu ausschließlich Vertreter von Großfirmen oder von Global Players.

Warum? Gerade KMUs sind auf die besten Studenten und die fähigsten Mitarbeiter angewiesen, um erfolgreich mithalten und Chancen auf dem Weltmarkt nutzen zu können. Eine Ausweitung des universitären Programms „Erasmus" (für Studenten) auf den unternehmerischen Schulungs-und Ausbildungsbereich, also ein „Erasmus für Unternehmen" wäre wünschenswert und unbedingt erforderlich. Schließlich verfügen Klein- und Mittelunternehmen in der Regel nicht über die personellen und finanziellen Ressourcen ihrer großen Mitbewerber, um künftige Mitarbeiter nachschulen zu können.

Es gibt eine **Vielzahl von Fördermöglichkeiten** für KMUs, sowohl auf nationaler Ebene als auch auf EU-Ebene. Ansprechpartner hierfür sind die Hausbank (KfW-Kredite), Handels- und Handwerkskammern, Verbände oder Ministerien. So fördert das BMBF (Bundesministerium für Bildung und Forschung) gezielt Forschungs- und Entwicklungsvorhaben innovativer KMUs – z. B. die Initiative

1.1 Was sind Klein- und Mittelbetriebe?

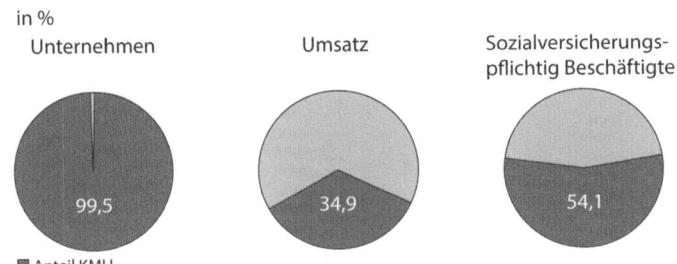

Abb. 1.2 KMU-Anteile in Deutschland nach KMU-Definition der EU-Kommission

„KMU-innovativ". Hiermit soll das Innovationspotenzial kleiner und mittlerer Firmen in der Spitzentechnologie gefördert werden. Neben nationalen werden evtl. auch transnationale FuE-Projekte berücksichtigt.

Eine andere, weniger bekannte Initiative gibt es in der Stadt und Metropolregion Nürnberg. „**Zeit für Ethik**" ist ein Zusammenschluss verschiedener Akteure im Bereich angewandter Unternehmensethik. Ziel ist es, die Werteorientierung in der Unternehmensführung nachhaltig zu verankern (Abb. 1.2).

Um im Außenhandel erfolgreich zu agieren, ist es unumgänglich, die Wirkungs- und Arbeitsweise der Europäischen Union in Brüssel (EU) zu kennen. Kompetenzen der EU-Behörden (Kommission, Ministerrat und Parlament) müssen bekannt sein, ebenso Möglichkeiten und Einflussbereiche der nationalen Regierungen.

Für den gesamten EU-Außenhandel werden verbindliche Regeln und internationale Verhandlungen ausschließlich durch Brüssel festgelegt bzw. geführt. Der gesamte zoll- und außenwirtschaftsrechtliche Bereich unterliegt EU-Regeln, ebenso Vorschriften zum Verbraucherschutz, zum Sozialdialog, steuer- und arbeitsrechtliche Fragen und – last, but not least – Regelungen in Bezug auf Energiepolitik, Wettbewerbsfragen und der gesamte Bereich Nachhaltigkeit und Menschenrechte.

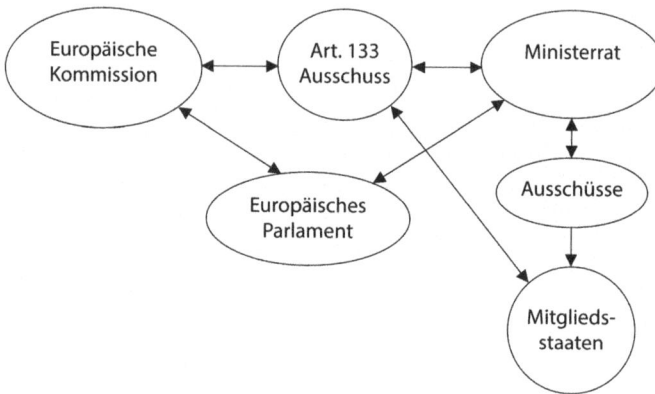

Abb. 1.3 EU-Organe der Handelspolitik

Zur Verdeutlichung und zum besseren Verständnis des Zusammenspiels nationaler Regierungen mit Brüsseler Institutionen in Bezug auf Zuständigkeiten, Ziele und Wirkungen der Handelspolitik finden Sie in den folgenden Abschnitten einige Übersichten [3] (Abb. 1.3).

1.2 Welche Rolle spielt die WTO (früher GATT)?

Für Akteure im internationalen Handel ist das Wissen um die Rolle und die Möglichkeiten der Welthandels-Organisation (WTO) essentiell. Im Moment gibt es 159 Mitglieder, die für ungefähr 95 % des Welthandels stehen.

Was sind die Aufgaben der WTO? Nach eigenen Angaben ist die WTO die einzige internationale Organisation, die sich mit den globalen Regeln des Handels zwischen Nationen beschäftigt. Ihre Hauptfunktion ist, sicherzustellen, dass der internationale Handel **so frei, planbar und einfach (smooth, free and predictable)** wie möglich abgewickelt werden kann.

Der ganz große Durchbruch ist leider noch nicht gelungen. Dafür sind die Interessen und politischen Konstellationen vieler Akteure,

1.2 Welche Rolle spielt die WTO (früher GATT)?

besonders der großen Schwellen- und Entwicklungsländer (BRICS-Staaten) einfach zu unterschiedlich und der politische Wille mancher Industrienationen zu gering. Gerechterweise muss man jedoch feststellen, dass im Bereich von **Handelserleichterungen (Trade Facilitation)** viel erreicht und bei der **Ministerial Conference** im Dezember 2013 in Bali bedeutende Verbesserungen durchgesetzt wurden.

Nach Jahren des Stillstands kam es zum Durchbruch mit dem Ziel, künftig schlankere und transparentere Zollstrukturen zu schaffen, Import- und Exportgeschäfte zu vereinfachen, weniger Bürokratie zu erlauben und somit erhebliche Kosteneinsparungen entlang der gesamten Waren- und Wertkette des globalen Handels zu erreichen (Abb. 1.4, 1.5, 1.6, und 1.7).

Trotz unbestreitbarer Erfolge und globaler Wohlstandsgewinne durch Arbeitsteilung und durch grenzüberschreitenden Warenverkehr – vor allem durch größerer Integration der Entwicklungsländer in die Weltwirtschaft – gibt es natürlich auch kompetente Vertreter einer mehr bilateral orientierten Außenhandelspolitik. Sie befürch-

Abb. 1.4 Koordinierung handelspolitischer Positionen: Deutschland, EU, WTO

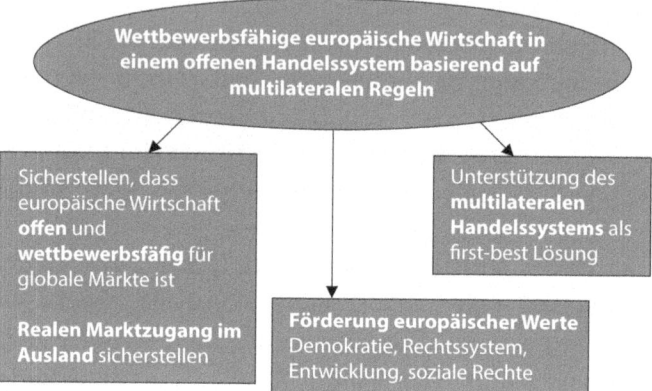

Abb. 1.5 Prinzipien der EU-Handelspolitik

Abb. 1.6 Deutsche Handelspolitik

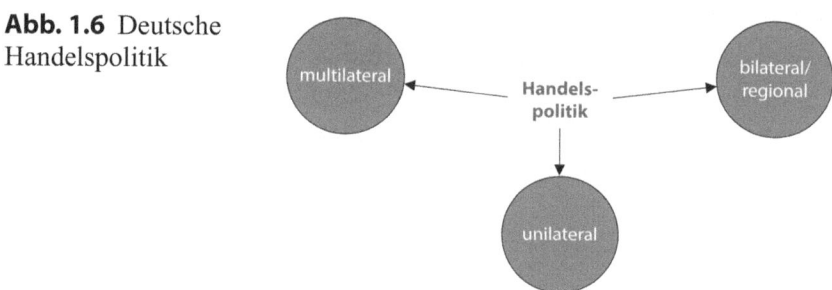

ten eine Deindustrialisierung und die Zerstörung binnenwirtschaftlicher Kreisläufe durch zunehmende **Deregulierung**, verbunden mit größerer Arbeitslosigkeit, Armut und Umweltzerstörung. Repräsentanten dieser Richtung lehnen es ab, in ihren Augen nützliche Schutzmaßnahmen („sinnvolle Protektion") als Protektionismus zu verunglimpfen [4].

1.2 Welche Rolle spielt die WTO (früher GATT)?

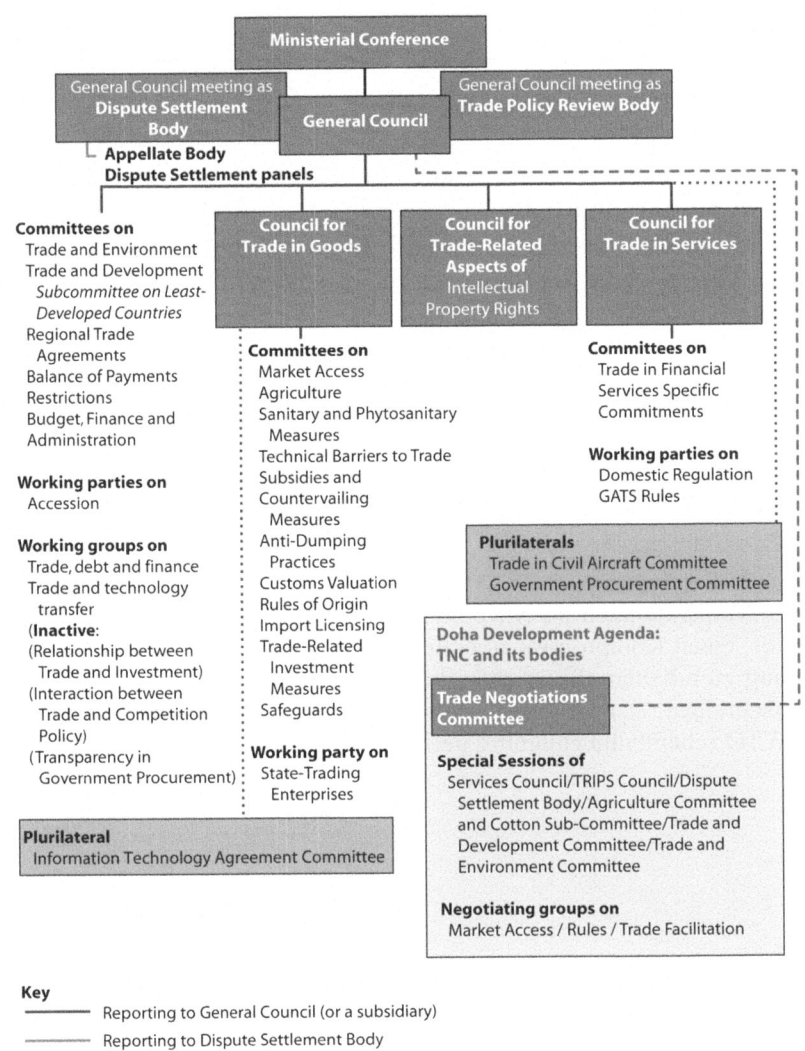

Abb. 1.7 WTO: Organization Chart

Wichtiger Hinweis
Unerwartet hat die neue indische Regierung die schon sicher geglaubte Eingung über das „Bali-Paket" in der Nacht zum 1. August 2014 scheitern lassen und das Abkommen nicht unterzeichnet. Den mit der Vorgängerregierung getroffenen Kompromiss lehnte die neue Administration unter Ministerpräsident Modi ab und brachte so das gesamte Abkommen zu Fall. Indien verlangte feste Zusage, WTO-widrige Subventionen für die Landbevölkerung auch über 2017 hinaus fortführen zu dürfen.

Vermutlich wird es nun vermehrt zu bilateralen Vereinbarungen kommen, von denen gerade die ärmeren Länder am wenigsten profitieren.

PS: Indien wurde nur von sehr wenigen Ländern unterstützt, z.B von Kuba, Venezuela und Bolivien.

Aktuelle Ergänzung
Durch Verhandlungen im November 2014 zwischen Indien und USA gelang es, einen Kompromiss zu erzielen und die Zusage der indischen Regierung zu erhalten, die ursprüngliche Vereinbarung modifiziert doch zu unterschreiben. Der Weg zu diesem historischen Abkommen im Rahmen der WTO scheint nun endgültig geebnet.

Kontaktsuche (Sourcing) 2

2.1 Staatliche Hilfen

Für erste außenhandelsrelevante Informationen und Fakten sowie das Anbahnen von Geschäftsbeziehungen und die Kontaktsuche sollte zunächst das reichlich vorhandene staatliche Instrumentarium genutzt werden.

> Die deutsche Außenhandelsförderung beruht auf einem **3-Säulen-Modell**, bestehend aus
> - Germany Trade and Invest
> - AHK (Auslands-Handelskammern)
> - Deutsche Botschaften (Abb. 2.1)

Eine wichtige Funktion erfüllt dabei die **Germany Trade & Invest GmbH** mit Hauptsitz in Berlin. Sie ist eine Gesellschaft der Bundesrepublik für Außenwirtschaft und Standortmarketing. Aufgabe ist die Vermarktung des Wirtschafts- und Technologiestandorts Deutschland und Information deutscher Unternehmer über Auslandsmärkte.

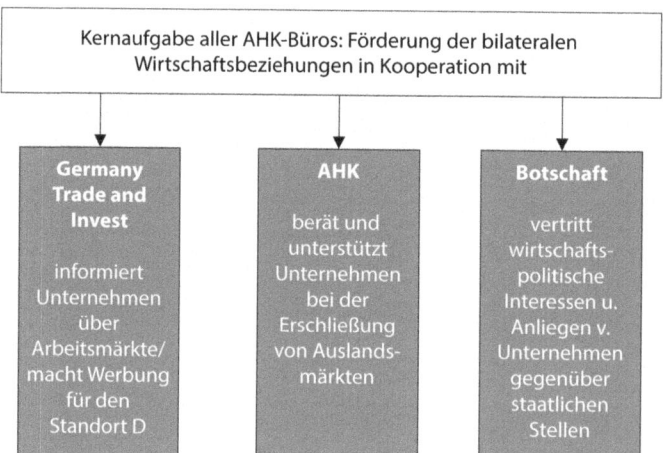

Abb. 2.1 Das 3-Säulen Modell der Außenwirtschaftsförderung

Geschäftsfelder sind **Außenwirtschaftsförderung, Standortmarketing und Investorenanwerbung.** Die Gesellschaft verfügt über ein weltweites Auslandsnetz von kompetenten Mitarbeitern, die vor Ort recherchieren und ausländische Investoren bei der Ansiedlung in Deutschland unterstützen. Um diese Aufgaben zu erfüllen, arbeitet Germany Trade & Invest natürlich eng mit den Auslands-Handelskammern und den deutschen Botschaften zusammen. (Quelle: Veröffentlichung Germany Trade & Invest GmbH)

Im Mittelpunkt staatlicher Hilfen sollten immer die Bedürfnisse der Unternehmen stehen, nach

- **Information** (Wirtschaftsdaten, Länder- und Brancheninformationen)
- **Beratung** (Beratungsdienstleistungen, Auslandsmessen, Matchmaking, Networking etc.)
- **Finanzierung** (Finanzierungsmöglichkeiten, Exportkreditversicherungen)
- **Politische Flankierung** (Investitionsschutz)

2.1 Staatliche Hilfen

Empfehlenswert ist auch die Nutzung bestehender Außenwirtschaftsportale, z. B.

- **Ixpos** (Zentrale Plattform mit außenwirtschaftlich relevanten Serviceangeboten)
- **e-trade center** (zweisprachige Website als Kooperationsbörse)
- **German Business Portal** (Englischsprachiges Informationsportal über Deutschland)

Aufgaben einer AHK sind

- offizielle Vertretung der Deutschen Wirtschaft
- Dienstleistung für Unternehmen: DE International (meistens gebührenpflichtig!)
- Mitgliederorganisation

DE International bietet professionelle Unterstützung beim Markteintritt und bei der Marktexpansion (Marktinformationen, Marktstudien, Einstiegsberatung, Geschäftspartnervermittlung, Rechtsauskunft, Inkasso, Mehrwertsteuerrückerstattung, Messe-Dienstleistungen, Umweltberatung, Personalberatung, Fiskalvertretung, Kundenbuchhaltung) [5].

▶ Wertvolle Informationen habe ich auch bei Besuchen der Handelsabteilungen deutscher Botschaften erhalten. Diese sind inzwischen sehr kooperativ und auch für die Herausforderungen und Bedürfnisse kleinerer Unternehmen offen. Ein Besuch – nach Terminabsprache – ist immer lohnend! Besonders erfreulich ist, dass die Dienstleistungen dort in der Regel kostenfrei sind.

Obwohl Verbände und Branchenvereinigungen keine staatlichen Organisationen sind, müssen natürlich auch deren Hilfen und Möglichkeiten der Informationsbeschaffung hier genannt werden. Wenn es um Außenhandel geht, sind da vor allem folgende zu nennen:

- BGA (Bundesverband Groß-, Außenhandel und Dienstleistungen) mit angeschlossenen Landesverbänden
- FTA (Foreign Trade Association)
- Bundesverband Exporthandel
- HDE (Handelsverband Deutschland)
- German Fashion Modeverband e. V.
- Industrie- und Handelskammern
- Spezielle außenhandelsorientierte Verbände und Vereinigungen

Diese Aufzählung nennt nur die wichtigsten Akteure und hat keinen Anspruch auf Vollständigkeit.

Von solchen Verbänden werden oft Einkaufs- und Informationsreisen veranstaltet, die für Start-ups und wenig außenhandelserfahrene Firmen ein guter Einstieg in den Außenhandel sein können, da sie unter meist kompetenter Begleitung kostengünstig erste Erfahrungen ermöglichen. Es gilt allerdings den Vorbehalt zu beachten, dass auch Mitbewerber oder mögliche Konkurrenten an diesen Veranstaltungen teilnehmen können.

Natürlich darf der Besuch von **Messen** nicht vernachlässigt werden. Gerade der Messestandort Deutschland bietet große Möglichkeiten, künftige Märkte, fremde Produkte und neue Trends kennen zu lernen und erste Kontakte aufzunehmen.

Darüber hinaus gibt es die Möglichkeit, über Repräsentationen und/oder Wirtschaftsdelegationen der **Bundesländer** im Ausland nützliche Daten und Informationen zu erhalten oder Außenhandelsorganisationen dieser Bundesländer zu nutzen (z. B Bayern International).

2.1 Staatliche Hilfen

Soweit es Asien betrifft, sind abschließend noch die sogenannten Deutschen Häuser in diversen asiatischen Wirtschaftszentren zu nennen. Diese werden mit Hilfe eines Bundeslandes und des **Asien/ Pazifik-Ausschusses der deutschen Wirtschaft (APA)** gebaut und betrieben.

Wünschenswert wäre eine größere Konzentration der vorhandenen Förderungsinstrumente und eine bessere Übersichtlichkeit, verbunden mit mehr Effizienz – vor allem im Ausland. Auch stellt sich die Frage, ob tatsächlich jedes Bundesland eigene Auslandsbüros oder Repräsentanzen unterhalten und eigene kostspielige Fördermaßnahmen anbieten muss.

Erwähnenswert ist auch eine vor kurzem gestartete Importförderungsiniative, die vom Bundesministerium für wirtschaftliche Zusammenarbeit und Entwicklung, vom BGA und von der privaten Firma sequa getragen bzw. finanziert wird, wobei auch Germany Trade & Invest als Kooperationspartner mit von der Partie ist.

Name: **IPD (Import Promotion Desk)**

Das IPD ist eine Plattform zur nachhaltigen und strukturierten Importförderung und dient als Mittler zwischen der deutschen Importwirtschaft und Akteuren des globalen Handels für ausgewählte Entwicklungs- und Schwellenländer.

Kontakte und Infos: info@importpromotiondesk.de.

Als sehr nützlich und absolut notwendig für Exporteure haben sich auch die Exportkreditgarantien der Bundesrepublik Deutschland, also die **Hermesdeckungen**, erwiesen.

Hierdurch werden – vor allem – politische Risiken im Auslandsgeschäft durch Garantien des Bundes abgedeckt. Die anfallenden Prämien richten sich nach dem individuellen Ausfallrisiko bestimmter Länder. Dies ermöglicht es deutschen Firmen, auch Außenhandelsgeschäfte zu tätigen, die sonst zu risikoreich wären und die finanziellen Möglichkeiten vieler Unternehmen übersteigen würden (Abb. 2.2).

Kontakte und Infos: *info@exportkreditgarantien.de, Telefon: +49 (0) 40/88 34-90 00*

Abb. 2.2 Erschließung ausländischer Märkte

2.2 Private Aktivitäten

Die Möglichkeiten, die sich bei der Kontaktsuche und Geschäftsanbahnung neben bzw. ergänzend zu den genannten staatlichen Hilfen bieten, dürfen nicht unterschätzt werden. Hier ist in erster Linie Kreativität gefragt und der Wille, auch auf ungewöhnlichen Wegen zum Ziel zu kommen.

Sehr gute Erfahrungen habe ich dabei mit Geschäftspartnern und Kontakten im Inland gemacht, die bekanntermaßen über Verbindungen ins Ausland verfügen.

Zu nennen sind vor allem:

- **Banken.** Sie können über Zentralen (z. B. Landesbanken) oder eigene Niederlassungen oder Repräsentanten wertvolle Informationen vermitteln und Kontakte herstellen.
- **Speditionen.** Große, internationale Logistiker sind meistens selbst oder über Partnerfirmen in allen wichtigen Wirtschaftsregionen tätig und kennen den Markt und die maßgebenden Akteure. Da es ihre Aufgabe ist, Waren zu befördern und Logistikdienste anzu-

2.2 Private Aktivitäten

bieten, arbeiten sie evtl. bereits mit Produzenten oder Exporteuren zusammen, die das gesuchte Produkt herstellen.

- **Reedereien.** Hier gilt ähnliches wie für Speditionen. Große Schiffslinien unterhalten meist Büros- bzw. Abfertigungsagenten in den wichtigsten Häfen und kennen ihre Kunden (also Produzenten/Exporteure) vor Ort.
- **Fachzeitschriften.** Da es nahezu für jede Branche fachspezifische Zeitschriften oder Mitteilungsblätter der zuständigen Verbände gibt, lohnt es, auch diese Quelle zu nutzen.
- **Wettbewerber.** Nützliche Hinweise und Daten ergeben sich auch aus sorgfältiger Beobachtung von Mitbewerbern. Diese werden sicher nicht bereit sein, interne und wettbewerbsrelevante Informationen zu geben. Denkbar ist jedoch, bei nicht-konkurrierenden Produkten Einkaufsvolumina und Logistikleistungen zu bündeln und so evtl. Größen- bzw. Preisvorteile zum Nutzen beider Partner zu erzielen.

Natürlich müssen auch die neuen, elektronischen Informationsmöglichkeiten genutzt werden. Das Internet und Suchmaschinen (Google und andere) sind da unersetzlich und hilfreich.

▶ **Es geht aber auch unorthodoxer!** Die meisten großen Hotels der Wirtschaftsmetropolen haben sehr kompetente und kundige Concierges bzw. Empfangschefs – meist eine unerschöpfliche Quelle nützlicher Informationen. Gleiches gilt für viele Taxifahrer. Auch diese kennen üblicherweise ihr Umfeld und ihre Region gut. Was spricht dagegen, diesen Personenkreis in die Recherche einzubeziehen? Es kann sich auch lohnen, Freunde oder Bekannte vor Ort anzusprechen.
Dem Einfallsreichtum und der Kreativität sind da keine Grenzen gesetzt. Es geht doch darum, schnell und verlässlich (insbesondere schneller als Ihre Mitbewerber) Informationen zu sammeln und seriöse Geschäftspartner zu finden.

Die staatlichen Hilfen kennen auch Ihre Konkurrenten, also sollten Sie zusätzlich noch andere Möglichkeiten nutzen, um so bereits am Anfang einige Schritte voraus zu sein und einen Informationsvorsprung zu haben.

Organisation des Einkaufs 3

3.1 Was versteht man unter Beschaffung/Einkauf (Sourcing)?

Hierunter fallen alle Aktivitäten, die nötig sind, um ein Unternehmen (oder eine andere wirtschaftlich aktive Einheit) mit Waren oder Dienstleistungen durch Dritte zu versorgen. Werden dabei Binnengrenzen überschritten, handelt es sich um Internationalen Handel (Außenhandel). Die Ziele der internationalen Beschaffung müssen dabei mit den Basiszielen des Unternehmens übereinstimmen [6].

Hauptziele sind:

- Senkung der Beschaffungskosten
- Erhöhung der Produktivität und der Produktqualität
- Erhöhung der Flexibilität und der Verfügbarkeit von Materialien

Angestrebt werden:

- Verminderung des Wettbewerbdrucks – Risikoreduktion
- Spezialisierungsvorteile – mengenmäßige Flexibilität

3.2 Organisationsformen

3.2.1 Spot-Beschaffung (Spot sourcing)

Die Spot-Beschaffung ist eine rein marktorientierte Beschaffungsform. Vorteile liegen in einer extremen Flexibilität und in der Tatsache, dass durch Spezialisierung des Lieferanten sehr günstige Einkaufspreise zu erreichen sind.

Es bestehen keine langfristigen Vertragsbeziehungen. Bei Marktveränderungen kann schnell reagiert werden, Bedarfsschwankungen können kurzfristig – evtl. bei anderen Lieferquellen – umgesetzt werden. Die Spot-Beschaffung bietet sich für Unternehmen an, die einen großen Bedarf einmalig und kostengünstig decken müssen, ohne auf eine langfristige und kooperativ ausgerichtete Käufer-Lieferantenbeziehung angewiesen zu sein.

3.2.2 Kooperative Käufer-Lieferantenbeziehung

Bei der kooperativen Käufer-Lieferantenbeziehung wird eine intensivere und längerfristige Zusammenarbeit angestrebt, bei der der Preis nicht das alleinige Entscheidungskriterium ist. Vorteile liegen in einer auf Dauer angelegten Beziehung, die es ermöglicht, den Beschaffungsprozess weitgehend in die eigene Organisation zu integrieren und Exklusivvereinbarungen durchsetzen zu können (Schutz vor Wettbewerb).

Der Käufer gewinnt größeren Einfluss auf Qualität und Einhaltung von Mindeststandards. Produktinnovationen sind in dieser Kooperationsform leichter durchzusetzen, permanente, qualitativ hochwertige Warenversorgung ist gewährleistet.

Diese Art der Zusammenarbeit bietet sich für Unternehmen an, die identische Waren über einen längeren Zeitraum hinweg benötigen und laufend Anschlussaufträge vergeben. Im Textil- und Be-

3.2 Organisationsformen

kleidungsbereich gilt dies beispielsweise für Kollektionen, die über mehrere Saisons gleich bleiben und als Basismodelle nur den jeweiligen Farb- oder Modetrends angepasst werden.

Nachdem über die beiden obigen Optionen entschieden ist, muss geklärt werden, in welcher Art die rechtliche und wirtschaftliche Zusammenarbeit erfolgen soll, welche Gestaltungs-Optionen also zu wählen sind.

Es geht dabei um folgende Fragen:

- **Institutioneller Aufbau.** Bis zu welchem Grad sind die Partner gewillt, ihre rechtliche und finanzielle Unabhängigkeit zu beschränken?
- **Zeithorizont.** Soll eine kurz-, mittel- oder langfristige Kooperation aufgebaut und gepflegt werden?
- **Exklusivität.** Soll Zusammenarbeit mit nur einem Partner erfolgen, oder soll mit zwei oder mehreren Partnern kooperiert werden? Die Bezeichnungen dafür **sind Single Sourcing, Double Sourcing** oder **Multiple Sourcing**.

Als Bestimmungsfaktoren einer grenzüberschreitenden Einkaufskooperation kommen **marktspezifische** und **nicht-marktspezifische** Kriterien in Frage. Marktspezifisch sind zum Beispiel gemeinsame Werte, Rechts- und Steuererwägungen, Umweltsicherheit und die Anzahl möglicher Lieferanten. Nicht-marktspezifisch sind produktbedingte Abhängigkeiten.

Zu entscheiden ist ebenfalls, über welche Art der **Vertragsgestaltung** die Zusammenarbeit organisiert werden soll, also ob individuelle Verträge geschlossen werden, ob eine eher lose Kooperation vorzuziehen ist, ob bilaterale Vereinbarungen besser sind oder ob sogar ein **Joint Venture**, also eine gemeinsame Firma, gegründet werden soll.

Natürlich spielen bei der Organisation der internationalen Beschaffung die Betriebsgröße, finanzielle Möglichkeiten und die personelle Ausstattung einer Unternehmung eine ausschlaggebende Rolle. Es ist wichtig, mehrsprachige Fachleute zu beschäftigen, die als Einkaufsspezialisten eingesetzt werden können. Da es bei internationalem Handel auch um zoll- und außenwirtschaftsrechtliche Fragen geht, sollte auch dieser Themenbereich personell abgedeckt werden können. Von Vorteil ist, wenn die betreffenden Mitarbeiter über interkulturelle Kompetenz verfügen. Zumindest müssen sie flexibel genug und bereit dazu sein, sich diese anzueignen.

Ob solche Voraussetzungen in vielen expansionswilligen Klein- und Mittelbetrieben immer gegeben sind, darf bezweifelt werden. Ist dies nicht der Fall, bieten sich für Beschaffungs- und Auslandsaktivitäten Kooperationsalternativen an.

Es ist möglich, sich spezialisierten Einkaufsverbänden anzuschließen, die für ihre Mitglieder international aktiv sind und weltweite Beschaffung betreiben. Es können auch Agenten beauftragt werden, die sich entweder auf bestimmte Länder und Regionen oder auf bestimmte Produkte spezialisiert haben. Etablierte und erfahrene Großhandels- und Importfirmen bieten sich ebenfalls als Alternative an.

Verhandlungen 4

Nachdem alle Möglichkeiten der Kontaktsuche und Geschäftsanbahnung durch staatliche Hilfen und private Bemühungen ausgewertet wurden, sollten Sie nun eine Anzahl von Ansprechpartnern im Zielland ausfindig gemacht haben. Um künftige Gespräche zielorientiert und zeitsparend führen zu können, ist es ratsam, produktspezifische Informationen – also zum Beispiel technische Spezifikationen oder Originalmuster – Ihrem möglichen Lieferanten vorab zur Verfügung zu stellen. Er kann so bereits im Vorfeld technische Details klären, Produktions- und Liefermöglichkeiten prüfen und sich Gedanken über seine Preisgestaltung machen.

Als nächstes muss ein Besuch bei Ihrem Partner arrangiert werden. Trotz aller heutigen technischen Möglichkeiten der Kommunikation halte ich es für absolut erforderlich, sich zu Beginn einer Geschäftsbeziehung persönlich kennenzulernen. Es ist wichtig, über das Umfeld Ihres Partners, über vorhandene Infrastruktur und seine Möglichkeiten vor Ort Bescheid zu wissen:

- Gibt es die versprochene Produktionsstätte überhaupt, in welchem Zustand ist sie, welche Kapazität ist vorhanden und wie ist der Gesamteindruck?

- Haben Sie es wirklich mit einem Produzenten zu tun oder handelt Ihr Kontrahent nur als Vermittler oder Agent? Werden Aufträge weitergereicht (Subcontracting) oder in der eigenen Fabrik produziert und überwacht?
- Wie sieht es im persönlichen Bereich aus, stimmt die Chemie?

Vor Ort haben Sie außerdem die Möglichkeit, zusätzliche Informationen einzuholen und evtl. andere mögliche Partner zu treffen und wertvolle Kontakte mit Logistikern, Bankern etc. zu knüpfen.

Worauf müssen Sie achten? Stellen Sie präzise Fragen und lassen Sie sich nicht mit Allgemeinplätzen oder gar mit Versprechungen abspeisen. Ihr Lieferant muss pünktlich und in allen Details vertragsgerecht liefern können. Es wäre eine Katastrophe, wenn bereits die erste Lieferung nicht klappte und Ihre Waren zu spät oder mit Mängeln ankämen. Wahrscheinlich haben Sie bereits einen Teil davon vorverkauft, so dass Sie in einem solchen Fall regress- und schadenersatzpflichtig wären (ein Albtraum!). Stellen Sie sicher, dass die in Deutschland und Europa geforderten Qualitäts-, Sozial- und Umweltstandards eingehalten werden können. Achten Sie darauf, dass benötigte Vormaterialien rechtzeitig und in ausreichendem Maße vorhanden sind. Ist Ihr Partner in der Lage, alle geforderten Dokumente zu beschaffen, verfügt er über evtl. nötige Lizenzen, wie ist sein Management? Gibt es nötigenfalls kompetente und sprachversierte Vertreter? Hat er genügend finanzielle Mittel, um Ihre Aufträge vorfinanzieren zu können (evtl. Bankauskunft vor Ort)? Kennt Ihr künftiger Partner alle außenhandelstechnischen Besonderheiten, sind ihm spezielle Bedingungen vertraut, hat er bereits mit ausländischen Kunden gearbeitet? Wenn ja, mit welchen?

Vergewissern Sie sich, dass sowohl die Infrastruktur Ihres Partners, also sein **setup**, als auch die Infrastruktur des Landes oder der Region ausreichend sind, um eingegangene Verpflichtungen sicher erfüllen zu können. Der beste Preis hilft nicht, wenn wegen struktureller Defizite die bestellte Ware nicht rechtzeitig produziert oder pünktlich verladen werden kann, weil Transportmöglichkeiten feh-

4 Verhandlungen

len, Unwetter Straßen unpassierbar machen oder sonstige Mängel zu Verzögerungen oder gar zur Nichterfüllung führen.

Bereits in diesem frühen Stadium müssen Sie auch über Modalitäten und Bedingungen bezüglich späterer Lieferungen verhandeln. Ich fand es sehr nützlich, schon in Vorgesprächen über mögliche Versandarten, zu beauftragende Logistikfirmen und Empfangshäfen zu sprechen. Da die Kostenstruktur europäischer Seehäfen, also beispielsweise Handlings- und Abfertigungskosten, Gebühren und Nachlaufkosten im Inland, sehr unterschiedlich sind, kann es für Ihre Kalkulation und Gewinnmarge entscheidend sein, ob Sie einen „billigen" Hafen oder einen mit sehr hohen Aufschlägen wählen. Für Importeure in Süddeutschland sind südeuropäische Häfen durchaus eine Option. Auf keinen Fall sollten Sie die mit der Import- und Zollabwicklung und dem nachfolgenden Inlandstransport verbundenen Kosten unterschätzen!

Wenn sich in den Verhandlungen bereits eventuelle Terminprobleme abzeichnen, können Sie vorsichtshalber die Option **Sea-Air** ins Auge fassen. Dies ist eine Beförderungsart, die zwar teurer als der reine Seetransport ist, jedoch billiger als durchgehender Luftfrachtversand und eine wesentliche Zeitersparnis (verglichen zur Seeverschiffung) ermöglicht.

Es versteht sich von selbst, all diese Gespräche höflich und konziliant zu führen. Seien Sie ein guter Botschafter Ihres Landes und versuchen Sie, bei aller sachlichen Härte eine angenehme zwischenmenschliche Beziehung aufzubauen. Sie sind ebenso wie Ihr Kontrahent auf verlässliche und seriöse Lieferanten und auf eine dauerhafte **kooperative** Partnerschaft angewiesen! Es ist sehr wahrscheinlich, dass Sie die Hilfe und Kompromissbereitschaft Ihres Partners – früher als Sie denken – benötigen! Folgen Sie auch mal Ihrem „Bauchgefühl", ohne Fakten und harte Informationen zu vernachlässigen.

Es wäre sehr hilfreich, wenn Sie über Grundkenntnisse interkultureller Kommunikation verfügten und sich mit Geschichte und Menschen Ihres Gastlandes vertraut gemacht hätten.

(vgl. Kap. 5 Interkulturelle Kommunikation)

In einem Buch über International Sourcing dürfen ein Hinweis und eine kurze Beschreibung des **UN-Kaufrechts** nicht fehlen. Wer international kauft oder verkauft, muss sich notgedrungen damit beschäftigen. Es ist speziell für **Distanzgeschäfte** konzipiert und gilt für fast alle Außenhandelstransaktionen.

Das UN-Kaufrecht (engl.: United Convention on Contracts for the International Sale Of Goods, CISG) trat am 1. Januar 1991 auch in Deutschland in Kraft und ist somit Teil der nationalen Rechtsordnung. Es ist also nicht entscheidend, ob UN-Kaufrecht ausdrücklich zwischen Vertragspartnern vereinbart wurde. Als Bestandteil des nationalen Rechts ist es automatisch bindend für internationale Kaufverträge, es sei denn, es wurde ausdrücklich eine anders lautende Parteivereinbarung getroffen.

Nach UN-Kaufrecht sind Erklärungen **formfrei** möglich, unabhängig davon, ob nach nationalem Recht eines der beteiligten Staaten Formvorschriften gelten.

Interkulturelle Kommunikation 5

Unter interkulturelle Kommunikation versteht man die soziale Interaktion von Akteuren aus unterschiedlichen Kulturen.

Alle damit zusammenhängenden Fragen werden leider noch oft – besonders von KMUs – für Geschäftserfolge unterschätzt. Sie sind jedoch ein entscheidender Faktor für Erfolg oder Misserfolg einer Zusammenarbeit mit ausländischen Partnern. Kulturelle Besonderheiten unterscheiden sich gravierend in verschiedenen Kulturkreisen und müssen bei Geschäftsverhandlungen unbedingt beachtet werden. Es gilt, grundlegende Verständnisprobleme zwischen Partnern, z. B. aus Ost und West, zu vermeiden.

Beispielsweise unterscheiden sich die Argumentationsweise und die Verhandlungsführung vieler westeuropäischer Verhandler wesentlich von der ihrer asiatischen Partner. Europäische Manager schließen oft vom Allgemeinen auf das Besondere, benutzen also einen **deduktiven** Ansatz, während ihre chinesischen Partner in der Regel **induktiv** argumentieren, also vom konkreten Fall zum Allgemeinen.

▶ **Deduktion:** Logische Ableitung des Einzelfalls aus der Regel bzw. des Besonderen aus dem Allgemeinen.

▶ **Induktion:** Verfahren, bei dem von mehreren Einzelbeobachtungen (dem Besonderen) auf eine allgemeine Gesetzmäßigkeit geschlossen wird [7].

Kulturelle Besonderheiten in China wurzeln z. B. in einem ausgeprägten Familienverständnis, dem Verhältnis zwischen Volk und Staat, in konfuzianischen Werten, Traditionen und einem dichten Netzwerk persönlicher Beziehungen (guanxi). Es ist auch wichtig zu wissen, wie ich „nein" sage, ohne dies wirklich zu sagen und wie drückt ein asiatischer Partner ein „Nein" aus, ohne dies auszusprechen?

In Indien fällt westlichen Gesprächspartnern auf, dass die indische Kultur Multitasking sehr stark fördert, sodass bei Besprechungen oft mehrere Dinge gleichzeitig diskutiert werden und diese deshalb verhältnismäßig lange dauern. Es gilt auch, die Mimik und Gestik (Kopfwackeln und Händchenhalten) richtig zu deuten, ebenso die andere Vorstellung von Qualität.

Dass in Japan anders verhandelt werden muss als in Indien oder China, ist offensichtlich. Grund ist ein völlig anderer geschichtlicher Hintergrund. Zu bedenken sind subtile protektionistische Tendenzen und eine allgegenwärtige Bürokratie. Man sollte wissen, dass sehr viel Zeit nötig ist, um dauerhafte Erfolge zu erreichen.

Der amerikanische Markt wiederum muss völlig anders angegangen werden. Die schiere Größe und das komplexe Mosaik Amerikas machen es unmöglich, universelle Verhaltensregeln anzuwenden. Vorhandene Konzepte können definitiv nicht 1:1 umgesetzt werden, sondern sind zu ändern und anzupassen. Technikverliebte deutsche Manager werden mit der pragmatischen Frage konfrontiert, wie amerikanische Partner durch die geplante Zusammenarbeit Geld verdienen können. Dies ist eines der Hauptkriterien, auf das eine schlüssige Antwort erwartet wird. Zu bedenken ist auch, dass die sogenannte Trial-and-Error-Methode viel verbreiteter ist als bei uns.

5 Interkulturelle Kommunikation

Amerikaner sind auch individualisierter und kümmern sich mehr um sich selbst und ihre Familien. Die Mobilität ist ausgeprägter, sowohl im beruflichen als auch im persönlichen Bereich.

▶ **Kleine Warnung** Die genannten Stereotypen und divergierenden Verhaltensweisen sind sicher generell zutreffend und empirisch belegt, treffen aber nicht auf **alle** Inder, Chinesen oder Amerikaner zu!

Generell gilt: Verhandlungstaktiken, Verhaltensweisen und evtl. sprachliche Besonderheiten zu kennen, ist für ein künftiges Gelingen essentiell wichtig. Neben fremdsprachlicher Kompetenz ist das Kennen und Beherrschen interkultureller Kommunikation eine Grundvoraussetzung künftiger Erfolge, besonders angesichts zunehmender Internationalisierung von Geschäften. Es gilt, die Charakteristiken grenzüberschreitender wirtschaftlicher Aktivitäten zu beherrschen.

Theoretische Kenntnisse und die Fähigkeit, mit Geschäftspartnern aus verschiedenen Kulturkreisen zu arbeiten, müssen vorhanden sein. Es ist wichtig, den Einfluss von kultureller Verschiedenartigkeit zu verstehen und deren Wirkung auf Kernfunktionen jeder Unternehmung, die im Außenhandel tätig ist, zu beurteilen.

Hilfe hierzu bieten viele Autoren, es gibt spezielle Workshops und mannigfaltige Möglichkeiten, interkulturelle Kompetenz zu lernen und erfolgreich anzuwenden.

Beispiel

Als Beispiel sei hier **Geert Hofstede** genannt, der in seinen „Dimensions of Culture" (Kulturdimensionen) Rahmenbedingungen interkultureller Kommunikation beschrieben und definiert hat. Er unterscheidet dabei folgende:

- Machtdistanz (Power Distance Index)
- Individualismus versus Kollektivismus
- Maskulinität versus Feminität
- Ungewissheitsvermeidung (Uncertainty Avoidance)
- Lang- oder kurzfristige Ausrichtung (Long-term Orientation)
- Nachgiebigkeit versus Beherrschung (Indulgence versus Restraint)

(The Hofstede Centre – „geert-hofstede.com/dimensions") [8].

6 Nachhaltigkeit – Sozialstandards – CSR

Der Begriff der Nachhaltigkeit (engl. Sustainability) fasst z. Zt. unterschiedliche – wenn nicht gegensätzliche – Menschen- und Weltbilder, ebenso Anliegen, Bedürfnisse und Modelle einer „guten Gesellschaft" zusammen. Obwohl dieser Begriff neuerdings in fast jeder Rede oder bei jeder Konferenz erwähnt wird, ist er nicht grundsätzlich neu. Carl von Carlowitz forderte schon 1713 eine nachhaltige Nutzung der Wälder [9].

Was ist nun Nachhaltigkeit? Seit dem Brundtland-Bericht (Brundtland-Kommission) 1987 hat sich folgende Definition als die nahezu einzige, universell gebrauchte und akzeptierte herausgebildet.

▶ **Nachhaltigkeit** Wirtschaftliches Handeln und wirtschaftliche Entwicklung, die gewährleisten, dass Bedürfnisse heutiger Generationen befriedigt werden, ohne die Bedürfnisse und Erfordernisse künftiger Generationen zu gefährden.

Im originalen Wortlaut: *Forms of progress that meet the needs of the present without compromising the abiltiy of future generations to meet their needs* [10].

Nachhaltigkeit hat immer mit Energieeffizienz zu tun (nicht nur) und umfasst die drei Bereiche

- Ökonomie
- Ökologie
- Soziales (Triade)

Angestrebt werden

- höhere Ressourcenproduktivität
- Einklang menschlicher und wirtschaftlicher Aktivitäten mit der Natur
- Umweltverträgliche Obergrenzen ökonomischen Handels

Wenn Unternehmen Nachhaltigkeit als Ziel vorgeben und organisatorisch integrieren, so sind gewöhnlich drei Vorgaben maßgebend:

- Steigerung des Unternehmenswertes
- Risikomanagement
- Kosteneinsparungen

Natürlich spielen Nachhaltigkeitsgesichtspunkte bei der internationalen Beschaffung und im weltumspannenden Handel eine zentrale Rolle. Nachhaltigkeit erstreckt sich dabei über die gesamte Lieferkette, d. h. sie umfasst den Warenfluss von der Produktion, der Verteilung und dem Transport bis zum Zeitpunkt des Verkaufs an den Endverbraucher.

▶ Bei allen Einkaufsentscheidungen ist sicherzustellen, dass Nachhaltigkeitskriterien von Anfang an bekannt sind, vor Ort angewendet und überwacht werden können und bis zur Auslieferung eingehalten werden.

Moderne, aufgeklärte Konsumenten sind nicht mehr bereit, jedes beliebige Produkt zu kaufen, sondern sie möchten genau wissen, woher die Waren kommen und unter welchen Umwelt- und Produktionsbedingungen diese hergestellt wurden. In zunehmendem Maße ist nicht mehr der Preis das alleinige Kaufargument. Mehr und mehr entscheiden soziale und ökologische Kriterien über Erfolg oder Misserfolg eines Erzeugnisses.

Es ist also zwingend erforderlich, bei der Auswahl des Lieferanten und des Lieferlandes darauf zu achten, dass nachhaltige (und überprüfbare) Produktionsbedingungen herrschen und dies auch seriös nachgewiesen und dokumentiert werden kann. Ganz besonders trifft dies natürlich beim Import und Verteilen von **Konsum- und Gebrauchsgütern** zu. Unternehmen, die in einer solchen Branche arbeiten, sind hier speziell gefordert, von Beginn an Fehlschläge und Fehlinvestitionen zu vermeiden.

Es versteht sich von selbst, dass all dies für Klein- und Mittelbetriebe, also für den typischen Mittelstand, eine große Herausforderung darstellt. Schließlich verfügen KMUs üblicherweise nicht über besondere Abteilungen oder über Compliance-Beauftragte, die sich ausschließlich um Fragen der Umwelt und um Nachhaltigkeit kümmern.

Dies trifft nicht nur für Deutschland oder die EU zu, sondern gilt auch für SMEs in Entwicklungsländern. Auch dort ist es wichtig, Kleinunternehmen zu nachhaltiger Produktion zu motivieren, da sie einen sehr wesentlichen Beitrag zur Wirtschaftsleistung und zur Beschäftigung in ihren Ländern – zunehmend auch im Export – leisten.

Es gilt, die drei maßgebenden Akteure, nämlich **Regierungen (lokal, national)**, **internationale Organisationen** und **SMEs** zu veranlassen, auch für Kleinunternehmen ein level playing field zu schaffen und ihnen so Zugang zu ausländischen Märkten zu ermöglichen. Um sozial-verantwortlich zu handeln, benötigen sie ein wirtschaftliches Umfeld, das gleichberechtigten Zugang zu Kapital gewährt, Bürokratie (red tape) abbaut, eine effiziente Infrastruktur schafft und kompetente und gute Regierungsführung sicherstellt. Gerade Entwicklungsländer können auf den Beitrag ihrer SMEs zur

Tab. 6.1 Wirtschaftlicher Beitrag von SMEs in ausgewählten Entwicklungsländern

Land	% GDP (Sozialprodukt)	% of Workers	% Beitrag (Firmen)
Kolumbien	30	63 (2009)	67
Indonesien	53,3	96 (2008)	90 (2008)
Peru	42,1	72	98 (2008)

weiteren positiven Wirtschaftsentwicklung, zu Wachstum und Integration in die Weltwirtschaft nicht verzichten.[1]

Hierzu beispielhaft einige Zahlen [11] (Tab. 6.1):

Im Zuge der Nachhaltigkeit wurden sogenannte core labour standards, also Sozialstandards, geschaffen, die für die Praxis sehr bedeutend sind und bei internationaler Beschaffung unbedingt eingehalten werden müssen.

Die Kern-Sozialstandards lt. ILO bzw. FLA sind:

- **Forced/Prison Labour** (Zwangs-/Gefangenenarbeit)
- **Abolition of Child Labour** (Verbot von Kinderarbeit)
- **Non-Discrimination** (Nichtdiskriminierung)
- **Freedom of Association** (Vereinigungsfreiheit)
- **Wages and Benefits** (Minimum/Mindest-Entlohnung, Vergütung)
- **Harassment or Abuse** (Belästigung und Missbrauch)

Es gibt noch sehr viel mehr solcher Codes of Conduct, wobei die genannten aber als Kernstandards unbedingt respektiert werden müssen. Viele Großkunden definieren zusätzliche eigene Vorgaben und schreiben diese als festen Bestandteil ihrer Einkaufsbedingungen zwingend vor.

---

[1] vergl. Natasha Roberts/Genf „Promotion of Social Responsibility in SMEs of the developing world" (Diese Zahlen haben sich evtl. verändert, sind in der Tendenz jedoch nach wie vor zutreffend).

6 Nachhaltigkeit – Sozialstandards – CSR

Großdiscounter und Großfirmen des Einzelhandels verlangen darüber hinaus, Mitglied bestimmter Organisationen oder Vereinigungen zu sein, um überhaupt eine Zusammenarbeit zu ermöglichen. Eine dieser Initiativen ist die **Business Social Compliance Initiative (BSCI)** der Foreign Trade Association (Köln/Brüssel). Deren Ziel ist es, den Warenfluss und die gesamte Wertschöpfungskette nachhaltig zu gestalten und dies durch Registrierung der Produzenten, durch Überwachung (Monitoring) und Rating der Fabriken sowie der Abnehmer zu sichern, und zwar permanent.

Es versteht sich von selbst, dass all diese Bemühungen und nötigen Mitgliedschaften Geld kosten und gebührenpflichtig sind und sich für Kleinunternehmen zu einem gravierenden Kostenfaktor entwickeln können.

> **Beispiel**
>
> Als Beispiel sei hier Bangladesch genannt. Aufgrund der schlimmen Arbeitsbedingungen dort und gravierender Verletzung vieler Sozialnormen und Menschenrechte, besonders aber wegen fürchterlicher Unfälle und Katastrophen in letzter Zeit, kamen Waren aus diesem Land stark in die Kritik. Dies betraf besonders Textilien und Bekleidung, da Bangladesch inzwischen zum zweitwichtigsten Produzenten (nach China) aufgestiegen ist. Viele Verbraucherverbände, Konsumenten und **NGOs** (Nicht-Regierungsorganisation) sowie Regierungen reagierten sehr sensibel. Große Handelsfirmen und die betroffenen Verbände und Gewerkschaften etablierten im Rahmen des Sozialdialogs den **Fire and Safety Accord** für Bangladesch. Darin verpflichten sich die weltweit operierenden Importeure und Handelsfirmen, die Verhältnisse im Land grundsätzlich und schnell zu ändern und gravierende Missstände zu beseitigen. In einem mehrstufigen Verfahren sollen verpflichtend bessere und sicherere Arbeitsplätze, höhere Löhne, kürzere Arbeitszeiten und nötigenfalls bauliche Verbesserungen

erzielt und durchgesetzt werden. Die Absprache wurde fast ausschließlich für Global Players konzipiert.

Für KMUs ist sie kaum zu finanzieren und schwer technisch durchführbar. Die finanziellen Lasten hängen vom Geschäftsvolumen ab, also von der Auftragshöhe, und steigen bei größeren Volumina. Es wäre deshalb wenig ratsam, verstärkt in Bangladesch einzukaufen.

Es ist zweifelhaft, ob dadurch das angestrebte Ziel zu erreichen ist. Auftragsverlagerungen auf andere Lieferquellen scheinen für KMUs sinnvoll! Schnelle Lösungen sind vermutlich nicht möglich. Nach meinen Beobachtungen gibt es verschiedene Wahrheiten, die kaum miteinander vereinbar sind. Wie sollen zum Beispiel Kollektive Wirtschaftsentwicklung (Wachstum) und Individuelle Risiken auf einen gemeinsamen Nenner gebracht werden, ohne dabei die Dynamik und dauerhafte Konkurrenzfähigkeit des Landes zu gefährden? (Abb. 6.1).

Leider ist der beschriebene Fire and Safety Accord nicht universell verbindlich, sondern gilt vorwiegend für europäische Unterzeichner (fast alles nur Global Players). Maßgebende amerikanische Importeure zum Beispiel haben sich dem Accord nicht angeschlossen, sondern eigene Initiativen geschaffen.

Wichtig aber ist, dass die Bundesregierung zusammen mit zuständigen EU-Behörden die Verbesserung der Produktionsverhältnisse sehr interessiert verfolgt und alle Beteiligten dringend zur Einhaltung der neuen Maßnahmen – mehr oder weniger – verpflichtet. Sollte dies auf freiwilliger Basis nicht erfolgen, drohen gesetzliche Maßnahmen (Aussage des neuen Ministers).

Es gilt für alle Akteure, grundsätzlich den gesamten Warenfluss und die Produktionskette bis zur Verschiffung eindeutig zu überwachen und nachprüfbar zu dokumentieren.

Bei Erörterungen über Nachhaltigkeit und bestehende Initiativen bzw. Lösungsansätze darf der **UN Global Compact** der Vereinten Nationen nicht fehlen. Ihm gehören ca. 6000 Unternehmen an, die

6 Nachhaltigkeit – Sozialstandards – CSR

Abb. 6.1 Accord on Fire and Building Safety (Uni Global Union/IndustriALL Global Union)

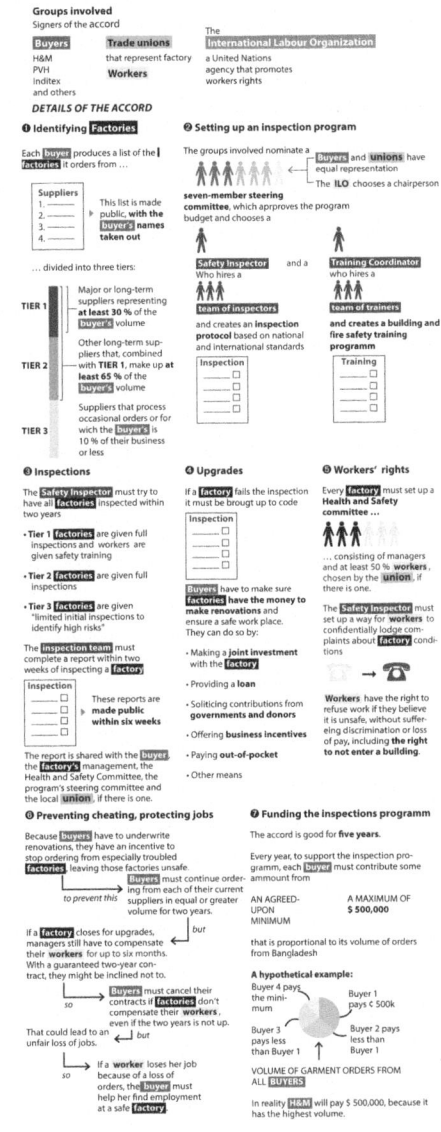

in mehr als 135 Ländern aktiv sind. Es handelt sich um einen Fahrplan für Nachhaltigkeit in der Unternehmenspraxis. Es werden zehn Prinzipien vorgegeben, die in die Unternehmensstrategie eingebunden werden sollen.

Der frühere UN-Generalsekretär **Kofi Annan** hat das so beschrieben: „**Der Global Compact basiert auf gemeinsamen Werten und Prinzipien, die der Globalisierung ein menschliches Antlitz verleihen sollen.**" Im **ISO 26000** werden Grundsätze, Leitlinien und Empfehlungen definiert und beschrieben, wie sich Organisationen jeglicher Art verhalten sollen, um als gesellschaftlich verantwortungsbewusst angesehen zu werden.

Um alle diese Herausforderungen zu meistern und Nachhaltigkeit auch in kleineren und mittleren Firmen zu etablieren und als feste Strategie zu verankern, gibt es natürlich Hilfen. Bestimmte Universitäten bilden Fachleute aus – oft Seniorexperten –, die Start-ups und KMUs beraten und bei der Implementierung in die tägliche Betriebspraxis helfen.

Es gibt **Sustainable Business Angels**, die Universität Bayreuth bietet CSR-Kurse für **CSR-Managers** an, die KMUs in der Region zur Verfügung stehen. Ansprechpartner können auch Bundesländer, Fachverbände oder Handelskammern sein, die kompetent weiterhelfen können.

Es existieren Hunderte von Publikationen und Veröffentlichungen zu diesem Thema. Leider sind die meisten davon zu akademisch, zu theoretisch und oft von wenig praktischem Nutzen für Unternehmen. Beschreibung von Terminologie alleine hilft nicht.

Nachhaltigkeit muss tagtäglich in den Betrieben und im Alltag von uns allen gelebt werden und von unten kommen.

> **Beispiel**
>
> Ein kleiner Hinweis, wo dies sehr Erfolg versprechend ist und großen wirtschaftlichen Ertrag verspricht: Es gibt alleine in Deutschland ca. 40.000 Schulen, 50.000 Kindergärten und etwa

15.000 öffentliche Gebäude. Die meisten davon müssen (oder sollten) dringend renoviert und umweltgerecht, also nachhaltig, saniert werden.

Stellen Sie sich den daraus erwachsenden Beschäftigungseffekt für Handwerksbetriebe und für KMUs vor. Die positiven Wirkungen würden gerade da greifen, wo es am meisten zählt und wo Nachhaltigkeit beginnt, nämlich auf der lokalen Ebene.

Am Ende dieses Kapitels noch einige Anmerkungen zu CSR, also zu **Corporate Social Responsibility**. Es geht dabei um die Rolle und die Verantwortung von Unternehmen in der Gesellschaft (oft auch **Corporate Citizenship** genannt).

▶ Corporate Social Responsibility

Konzept, das den Unternehmen als Grundlage dient, auf freiwilliger Basis soziale Belange und Umweltbelange in ihre Unternehmenstätigkeit und in die Wechselbeziehungen mit den Akteuren (Stakeholder) zu integrieren [12].

Gemäß dieser Definition geht es vor allem um **soziale Belange und Umweltbelange** als zentrale Punkte für CSR. Erweitert man dies noch um das Kriterium **Ökonomie**, kommt man zu den drei Säulen der Nachhaltigkeit. CSR ist demnach ein ganzheitliches Unternehmenskonzept, das alle Bereiche zur **freiwilligen Übernahme gesellschaftlicher Verantwortung** beinhaltet.

Durch Umsetzen konkreter Maßnahmen wird oft die Produktivität gesteigert, was positive Auswirkungen auf den Gewinn hat.

Beispiel

Durch Integration von Umweltstandards in den Betriebsablauf und durch effizienten und umweltgerechten Umgang mit natürlichen Ressourcen spart das Unternehmen Kosten und sichert außerdem langfristig die Verfügbarkeit von Rohstoffen.

Für Großunternehmen spielt die korrekte Berichterstattung ihrer CSR-Aktivitäten inzwischen eine bedeutende Rolle. Beweggründe sind dabei nicht nur gesetzliche Vorgaben, sondern auch wirtschaftliche Interessen, da positive Ergebnisse die Reputation eines Unternehmens fördern. Sie eignen sich gut als Marketinginstrument und helfen, den Unternehmenserfolg zu steigern und dies der interessierten Öffentlichkeit mitzuteilen.

Generell wird dabei unterschieden in:

- Marktorientierte Motive (Kundeninformation und Marktbezug aufzeichnen)
- Managementorientierte Motive (Förderung des internen Sozial- und Umwelt – Managements)
- Öffentlichkeitsorientierte Motive (Ziel = Glaubwürdigkeit und Vertrauen für das Unternehmen und seine Produkte erreichen)

Umweltberichte sollten wie folgt gegliedert sein:

- Kennzahlen
- Vorwort der Geschäftsleitung
- Profil des Unternehmens
- Vision und Strategie
- Managementsysteme
- Unternehmensleistung

Laut Vorschlag der Kommission werden Umweltberichte in Zukunft – zumindest für kapitalmarktorientierte Unternehmen mit mehr als 500 Mitarbeitern – **verpflichtend**. Dies betrifft nach Angaben knapp 18.000 der insgesamt 40.000 größeren Unternehmen in der EZ. Besonders für Klein- und Mittelunternehmen wird das eine große Herausforderung sein.

Es existieren schon Standards für Berichterstattung, nämlich beispielsweise G.3.0 bzw. 3.1 oder der Standard der **Global Reporting Initiative (GRI)**. Für KMUs empfiehlt sich zu Beginn die Anwendung des Deutschen Nachhaltigkeitskodex (DNK), der sich an GRI anlehnt. Inzwischen spricht man von „Integrated Reporting", also von integrierter Berichterstattung und bezeichnet damit das gesamte betriebliche Berichtswesen, also finanzielle und nicht-finanzielle Informationen in einem einzigen Bericht.

Zur Ergänzung hier noch die Säulen der deutschen Nachhaltigkeitsstrategie:

- Gerechtigkeit zwischen den Generationen
- Verbesserung der Lebensqualität
- Solidarität und Internationale Verantwortung

Wie ernst das gesamte Thema CSR und Nachhaltigkeit inzwischen genommen wird, zeigen die Bemühungen großer Global Players. So gibt es einen Energy Plan 2020 von Delhaize (Belgien), ein Dairy Centre of Excellence von Tesco (England), strikte nachhaltige Vorschriften in Bezug auf Transport und Verpackung von Carrefour (Frankreich), den Anspruch von IKEA (Schweden), künftig nur noch zertifizierte Hölzer zur Möbelproduktion zu gestatten, und viele weitere Initiativen großer Handelsfirmen wie REWE, C&A und Lidl (Deutschland) oder von Starbucks (USA) mit dem Ziel, nur noch nachhaltig angebauten Kaffee zu verwenden. Bei all diesen Bemühungen spielt der **Carbon Footprint**, also der CO_2-Ausstoß, eine entscheidende Rolle.

Es versteht sich von selbst, dass Dienstleister und vor allem Lieferanten dieser Konzerne in obige Initiativen einbezogen sind und diesen folgen müssen, wenn sie weiterhin Lieferbeziehungen pflegen möchten. Es ist demnach dringend erforderlich, dass sich auch KMUs bevorzugt diesem Thema widmen und dessen Herausforderungen – aber auch die Chancen – nutzen.

Aktuelle Anmerkung

Das Bundesministerium für wirtschaftliche Zusammenarbeit und Entwicklung hat 2014 eine Initiative gestartet, die Produzenten und Importeure verpflichten soll, für die komplette Lieferkette (Supply Chain) Verantwortung zu tragen und für nachhaltige Organisation aller damit verbundenen Aktivitäten zu sorgen. Es ist sehr umstritten, ob diese Vorgaben realistisch und in der Praxis einzuhalten sind.

Risiken 7

Selbstverständlich sind wirtschaftliche Aktivitäten im Ausland – vor allem in Übersee – sehr viel risikobelasteter als Inlandsgeschäfte. Vor Beginn jeder Auslandstätigkeit gilt es, solche Risiken zu erkennen, einzuordnen und zu bewerten (**risk evaluation**).

Dies muss, besonders in Klein- und Mittelunternehmen, durch die Unternehmens- bzw. Geschäftsleitung erfolgen. Es gilt der Grundsatz: Nur Risiken, die bekannt sind, können bewertet und vermieden werden.

Speziell KMUs (SMEs) müssen gegebene Risiken sehr sorgfältig analysieren und vermeiden, da normalerweise vorhandene personelle und finanzielle Ressourcen beschränkt sind und Fehlbeurteilungen ernstere und evtl. sogar existenzbedrohende Folgen haben können.

Generell unterscheidet man zwischen folgenden Risikogruppen:

1. Politische Risiken
2. Wirtschaftliche Risiken
3. Soziale und kulturelle Risiken
4. Technische Risiken
5. Länderrisiken

Um diese zu bewerten, stehen verschiedene Instrumente zur Verfügung, z. B.

- Value-at-Risk
- ABC-Analyse
- Scoring-Modelle
- Risk Map
- Sensitivity-Analyse

Vorgehensweise dabei wie folgt

Identifikation ⇒ Bewertung ⇒ Maßnahmen und laufende Kontrolle

7.1 Politische Risiken

Werden außenhandels- und/oder importrelevante EU-Vorgaben eingehalten?
Beispiel: Grundsätze der EU-Handelspolitik, nämlich **Menschenrechte, Nachhaltigkeit und gute Regierungsführung (Compliance)**
Weitere politische Risikofaktoren sind:

- Korruption, übermäßige Bürokratie (Red Tape)
- unruhiges politisches Umfeld, hohe Streikhäufigkeit
- regionale oder religiöse Konflikte
- zweifelhaftes oder undurchsichtiges Rechts- und Steuerwesen
- Nichteinhaltung vorgegebener Sozialstandards

7.2 Wirtschaftliche Risiken

Zu den wirtschaftlichen Risiken zählen (beispielhafte Auswahl):

- Verschlechterung des Markt- und Konkurrenzumfelds
- ungenügende Leistung des Lieferanten
- Veränderung von Warenströmen (wichtig bei Roh- oder Vormaterialien)
- Lohnniveau und Qualifikation von Arbeitnehmern
- Veränderung bei Finanz- und Kapazitätsfragen (Financial Engineering)
- Veränderung von Zahlungs- oder Lieferbedingungen, Bankregulierungen etc.

7.3 Soziale und kulturelle Risiken

Soziale und kulturelle Risiken umfassen:

- akzeptierte Arbeitsnormen und Sozialstandards können nicht mehr eingehalten werden
- frühere Vergünstigungen werden zurückgenommen (Race to the Bottom)
- Nachhaltigkeitsvorgaben können nicht überprüft oder garantiert werden
- kulturelle Vorgehensweisen und gegenseitiges Verständnis sind nicht vereinbar
  (vgl. Kap. 4 Interkulturelle Kommunikation)

7.4 Technische Risiken

Folgende technische Risiken sind zu beachten:

- vorgegebene technische Spezifikationen und Mindestanforderungen sind nicht erreichbar
- Mangel an Infrastruktur verhindert Liefer- und Produktionsmöglichkeiten
- Know-how und technische Fertigkeiten von Arbeitnehmern erschweren Einhaltung von Qualitätsstandards
- ungenügendes Ausbildungs-/Erziehungsniveau
- Mangel an nötigen Vormaterialien

7.5 Länderrisiken

Auslandsaktivitäten erfordern oft ein beträchtliches finanzielles Engagement. Denken Sie nur an Gründung eines Gemeinschaftsunternehmens, an evtl. nötige Kreditgewährung an Ihren Partner oder an Aufstockung räumlicher und personeller Kapazitäten. Der Grad und die Höhe solcher Verpflichtungen hängen weitgehend vom Land Ihrer Wahl ab. Länderrisiken werden durch Banken und Ratinggesellschaften bewertet.

Bei sehr großen und langfristigen Investitionen ist sicher auch ein Blick auf den Gini-Koeffizient des jeweiligen Landes hilfreich. Dieser Index ist ein statistisches Maß für die Einkommensverteilung eines Landes und lässt evtl. Rückschlüsse auf die politische und soziale Stabilität zu (Tab. 7.1).

Die **KPMG** (Wirtschaftsprüfungsgesellschaft) geht dabei nach folgendem Schema vor:
Kriterien für Risikobeurteilung:

7.5 Länderrisiken

Tab. 7.1 Kriterien für Risikobewertung

Land	Wirtschaftliche Stärke
	Finanzielle Lage
	Politische Stabilität
Industrie	Wirtschaftspolitisches Umfeld
	Regulatorisches Umfeld
	Wettbewerb
	Marktstruktur
Geschäftsrisiko	Besitzverhältnisse
	Unternehmensstrategie
	Kosteneffizienz
	Servicequalität
	Produkte und technologisches Risiko
	Management
Finanzrisiko	Finanzstrategie
	Flexibilität
	Kapitalstruktur
	Investitionsintensität
	Cash Flow

Generell ist es ratsam, bei Abwägung obiger Risiken und vor einem möglichen Vertragsabschluss folgende Fragen zu beantworten:

- Habe ich den richtigen Partner?
- Investiere ich im richtigen Land oder der richtigen Region?
- Wurden alle verfügbaren Informationen genutzt?
- Werde ich auch langfristig mit dem gewählten Partner kooperieren und/oder in dem gewählten Land erfolgreich aktiv sein können?

Preisgestaltung 8

Es leuchtet ein, dass Preisgestaltung und Preisverhandlungen bei Außenhandelsgeschäften anders verlaufen als im Inland. Es wirken andere Einflussfaktoren und Dynamiken. Ihr Gesprächspartner hat einen Ihnen fremden kulturellen und historischen Hintergrund. Möglicherweise benutzt er andere Techniken, um seine Ziele zu erreichen. Ihm sind evtl. Methoden wie Selling-down etc. besser vertraut.

Natürlich sollten Sie die Marktlage Ihres Produktes, das globale Angebot und die Möglichkeiten des Verkäufers kennen. Um einen wirklich konkurrenzfähigen Einkaufspreis zu erhalten, sollten Sie Ihren Spielraum in Bezug auf eventuelle Produktänderungen oder andere, preisbeeinflussende, Faktoren nutzen. **Entscheidend aber ist, welchen Preis Sie erreichen müssen, um die eingekaufte Ware auf Ihrem Ziel- bzw. Heimatmarkt erfolgreich verkaufen zu können.** Dabei ist es wichtig, Besonderheiten der Importkalkulation zu bedenken. Um Ihren tatsächlichen Einstandspreis ermitteln zu können, sind importspezifische Faktoren maßgebend.

Abweichend von einer normalen Inlandskalkulation haben Sie beispielsweise sehr viel höhere Frachtraten, evtl. Zölle, lange Transportzeiten, andere Zeithorizonte und damit verbundene Lieferfristen und völlig andere gesetzliche bzw. branchenübliche Definitionen eines Angebots zu berücksichtigen. Der Weg der Ware von der Produktion bis zum endgültigen Bestimmungsort ist sehr viel weiter, also müssen Sie mit zusätzlichen kalkulatorischen Aufschlägen rechnen. Je näher die Preisangaben bei Ihrem Lieferanten (z. B. ab Fabrik) liegen, desto höher wird Ihr Endpreis.

Natürlich ist bei Preisverhandlungen von großer Bedeutung, wie der spätere Kaufertrag gestaltet werden soll. Vertraglich zu regeln sind:

- Kaufpreis und Zahlungsbetrag
- Währung
- Zahlungsort
- Fälligkeit
- Finanzierungskosten
- Zahlungsart
- evtl. Sicherungen
- anzuwendende Richtlinien

▶ Da es sich um Geschäfte mit einem fremden Wirtschaftsgebiet handelt, wird das Angebot meistens in einer ausländischen Währung erfolgen. Diese Tatsache alleine ist eine große Herausforderung. Wenn es Ihnen nicht gelingt, in Ihrer eigenen Währung, also in Euro, abzuschließen, müssen Sie unbedingt das Währungsrisiko durch Abschluss eines Devisentermingeschäfts (Hedging) ausschalten!

Für den grenzüberschreitenden Warenverkehr wurden spezielle Liefer- und Zahlungsbedingungen geschaffen, die Sie unbedingt genau kennen müssen, da sie für den Erfolg einer Transaktion von gravierender Bedeutung sind. Vor allem gilt es, spätere Missverständnisse und Streitigkeiten zu vermeiden.

Liefer- und Zahlungsbedingungen im Außenhandel 9

Für jeden Außenhändler ist das Wissen um Liefer- und Zahlungsbedingungen bei grenzüberschreitendem Warenverkehr ein absolutes Muss und die Basis seiner täglichen Arbeit. Dokumente im Außenhandel dienen als Nachweis über die gelieferten Waren durch einen überseeischen Lieferanten, außerdem begleiten sie in vielfältiger Weise den Warenfluss vom Exporteur und vom Lieferland bis zum inländischen Kunden und zum endgültigen Bestimmungsort.

Sehr bewusst beschreibe ich in diesem Kapitel nur die wichtigsten und im internationalen Handel gebräuchlichsten Bedingungen. Ich weiß, dass jede dieser Regelungen umfangreicher und komplexer ist als von mir dargestellt. Ich weiß aber auch, dass mit den beschriebenen Liefer- und Zahlungsbedingungen der größte Teil des deutschen Außenhandels abgewickelt wird und dass die folgenden Erklärungen für die ins Auge gefasste Zielgruppe ausreichend sind.

Für Leser, die tiefer in die Materie einsteigen möchten, gibt es umfangreiche Literatur, viele Fach- und Handbücher und zahllose Informationen. Im Internet bei Wikipedia sind Fachaufsätze und viele kompetente Beiträge von Verbänden, den Industrie- und Handelskammern, von Banken und Fachautoren zu finden.

9.1 Lieferbedingungen

Als erstes sind die **Incoterms (International Commercial Terms)** als offizielles Regelwerk der Internationalen Handelskammer Paris (ICC) zu nennen, die global angewendet werden. Sie existieren bereits seit 1936 und werden laufend revidiert. Zurzeit gelten die Incoterms 2010. Sie regeln vor allem die Art und Weise des Transports und bestimmen, welcher Vertragsteil welche Kosten zu übernehmen hat und wer bei Verlust das finanzielle Risiko trägt (Gefahrenübergang). Sie haben **keine** Gesetzeskraft und werden nur bindend, wenn sie von beiden Partnern im Vertrag ausdrücklich genannt werden. Geregelt wird ausschließlich die Lieferung von **beweglichen** Waren (sie können z. B. *nicht* auf Computersoftware angewandt werden). Es sind demnach internationale Regeln für **einheitliche** Auslegung der im Außenhandel üblichen Vertragsformeln.

Incoterms und die damit verbundenen Klauseln sind Trademarks der ICC. Grundsätzlich werden sie in zwei Kategorien eingeteilt. Die erste Kategorie umfasst Bestimmungen, die für jede Transportart gelten, während die zweite Kategorie ausschließlich für See- und Binnenschifftransporte verwendet wird (Tab. 9.1, Abb. 9.1).

Legende:

EXW Ab Werk
FCA Frei Frachtführer (benannter Ort)
CPT Frachtfrei (Bestimmungsort)
CIP Frachtfrei versichert
DAT Geliefert Terminal (benanntes Terminal)
DAP Geliefert benannter Ort (benannter Lieferort im Einfuhrland)
DDP Geliefert verzollt (benannter Bestimmungsort)
FAS Frei Längsseite Schiff (benannter Verschiffungshafen)
FOB Frei an Bord (benannter Verschiffungshafen)
CFR Kosten und Fracht (benannter Bestimmungshafen)
CIF Kosten, Versicherung und Fracht (benannter Bestimmungshafen)

9.1 Lieferbedingungen

	Export freimachung	Import freimachung	Transportvertrag	Lieferort	Gefahrübergang V → K	Kostenübergang V → K	Transportversicherung
EXW	K	K	K	Werk des V (ladebereit)	Lieferort		
FCA	V	K	K	Ort der Übergabe an den Frachtführer	Lieferort		
FAS [1]	V	K	K	Längsseite Schiff im Verschiffungshafen	Lieferort		
FOB [1]	V	K	K	An Bord des Schiffes im Verschiffungshafen	an Bord*		
CFR [1]	V	K	V	An Bord des Schiffes im Verschiffungshafen	an Bord*	Bestimmungshafen	
CIF [1]	V	K	V	An Bord des Schiffes im Verschiffungshafen	an Bord*	Bestimmungshafen	V / Mindestdeckung
CPT	V	K	V	Ort der Übergabe an den 1. Frachtführer	an Bord*	Bestimmungsort	
CIP	V	K	V	Ort der Übergabe an den 1. Frachtführer	an Bord*	Bestimmungsort	V / Mindestdeckung
DAP*	V	K	V	Bestimmungsort (entladebereit)	Lieferort		
DAT*	V	K	V	Terminal im Bestimmungshafen /-ort (entladen)	Lieferort		
DDP	V	V	V	Bestimmungsort (entladebereit)	Lieferort		

V = Verkäufer / K = Käufer   * = Änderung gegenüber Incoterms® 2000   [1] = nur für Schiffstransport zu verwenden

Abb. 9.1 Incoterms. (Quelle: IHK Frankfurt/Main)

Tab. 9.1 Lieferbedingungen im Außenhandel

Generelle Transporte	EXW, FCA, CPT, CIP, DAT, DAP, DDP
See- und Schiffstransporte	FAS, FOB, CFR, CIF

Transportdokumente selbst können nach ihrer Funktion unterschieden werden in

- **Traditionspapiere** (erfüllen eine Wertpapierfunktion, da sie die Ware repräsentieren)
- **Frachtpapiere** (Frachtbriefe, die als Nachweis für den Versand oder Übergabe an einen Frachtführer dienen)

9.2 Zahlungsbedingungen

Die wesentlichen **Payment Terms** [13] sind:

- Vorauszahlung bzw. Anzahlung
- Dokumentenakkreditiv (Letter of Credit)
- Dokumenteninkasso
- Nachnahme
- Zahlung gegen Rechnung
- Raten- oder Zielzahlung

Akkreditive sind ein sehr beliebtes und für beide Partner eines der sichersten Zahlungsmittel. Sie können sowohl **bestätigt** (durch eine andere Bank als die des Zahlungspflichtigen), als auch **unbestätigt** sein. Außerdem gibt es **widerrufliche** und **unwiderrufliche** Akkreditive.

In den **Einheitliche Richtlinien und Gebräuche für Dokumenten-Akkreditive (ERA)** sind Regeln und Definitionen festgelegt, nach denen Akkreditive abgewickelt werden.

▶ **Akkreditive** Eine für Praktiker hilfreiche und verständliche Definition ist:

Zahlungsversprechen der Bank des Kunden (Zahlungspflichtiger) an die (meist) ausländische Bank des Begünstigten (Lieferant), einen bestimmten Betrag zu einem bestimmten, fest definierten Zeitpunkt gegen Vorlage bestimmter Dokumente zu zahlen.

Die geforderten Dokumente bestimmt dabei der Kunde, die eröffnende Bank wird später sehr genau prüfen, ob die eingereichten Dokumente diesen Vorgaben entsprechen, also **akkreditivkonform** sind. Bei – auch nur geringen – Abweichungen entfällt die Zahlungspflicht des Kunden bzw. dessen Bank.

Der Lieferant hat die Gewähr, den Gegenwert seiner Lieferung vertragsgemäß zu erhalten, vorausgesetzt, er erfüllt alle seine Ver-

9.2 Zahlungsbedingungen

pflichtungen, liefert pünktlich und stellt die geforderten Dokumente korrekt bereit. Der Kunde wiederum hat die Garantie, nur zahlen zu müssen, wenn sein Partner wie vertraglich vereinbart leistet.

Anmerkung: Trotz einer weitgehenden Sicherheit schützt ein Akkreditiv aber nicht gegen Täuschung und Betrug des Lieferanten, da die Bank nur Dokumente prüft, nicht aber die Ware selbst.

▶ Stellen Sie unbedingt sicher, dass finanzielle Ausstattung bzw. eingeräumte Kredite ausreichend sind, um später fällige Akkreditive bedienen zu können. Banken rechnen Akkreditivbeträge in bestehende Kreditlinien ein.

Die zweitwichtigste internationale Zahlungsart ist das **Dokumenteninkasso**, auch D/P (documents against Payment) oder D/A (documents against Acceptance) genannt. In diesem Fall werden alle relevanten Dokumente von der Bank des Lieferanten an die Bank des Kunden geleitet. Nach Zahlung oder nach Annahme händigt die Bank die Papiere an ihren Kunden aus, der Gegenwert wird an die Bank des Lieferanten überwiesen.

Zu Beginn einer Geschäftsbeziehung werden Lieferanten in der Regel auf Akkreditiv als Zahlungsbedingung bestehen. Im weiteren Verlauf einer erfolgreichen Kooperation sollte man dann auf Dokumenteninkasso oder gar auf Zielzahlung – oft auch als Open Account bezeichnet – umsteigen. Es wird vom Verhandlungsgeschick und der Marktstärke des Käufers abhängen, zu welchen Vereinbarungen er kommt.

▶ Sie sollten immer versuchen, Zahlung durch Akkreditiv zu vermeiden und schon bei der ersten Transaktion die Zahlungsart **D/P** vertraglich festlegen. Im Falle späterer Probleme haben Sie größere Chancen, Preisminderungen, andere Zahlungsfristen oder günstigere Konditionen zu erreichen. Sie unterliegen nicht den strengen Akkreditivbedingungen, sondern können mit dem Lieferanten flexibler und aus besserer Position heraus verhandeln.

Die anderen Zahlungsbedingungen sind im internationalen Handel nicht sehr verbreitet, da sie viel Vertrauen in die Seriosität und finanzielle Verlässlichkeit der Partner erfordern. Von Vorauszahlungen ist bei neuen, unbekannten Geschäftsbeziehungen abzuraten.

Transaktionen innerhalb des EU-Binnenmarktes sind selbstverständlich weniger komplex und risikobehaftet. Für solche Lieferungen können durchaus weniger stringente Bedingungen ausgehandelt werden, d. h. Vorauszahlungen und/oder Raten-Zielzahlungen sind hier häufiger anzutreffen.

Dokumente 10

Zur Einführung eine hilfreiche tabellarische Aufstellung der im Außenhandel vorkommenden Dokumente (Abb. 10.1).
Wie ersichtlich wird, gibt es zwei große Gruppen, nämlich **Transportdokumente** und **Begleitdokumente**.
Für den grenzüberschreitenden Handel, speziell aus Übersee, sind vor allem **Konnossemente** (engl. Bill of Lading, B/L) und gegebenenfalls Order-Lagerscheine von Bedeutung. B/Ls erfüllen drei Funktionen:

- Nachweis für die Verladung an Bord eines Schiffs
- Beweis für den Abschluss eines Transportvertrags
- Möglichkeit, die Rechte an der Ware im Transit durch Transfer und Übergabe an eine dritte Partei abzutreten

Nach Ankunft der Ware im Bestimmungshafen wird die Sendung gegen Rückgabe des Konnossements an die Reederei oder deren Vertreter, dem rechtmäßigen Inhaber, ausgeliefert. Gebräuchlich sind:

- Bill of Lading for Ocean Transport (Seekonnossement)
- Combined Transort B/L (Dokument für internationalen kombinierten Transport, also Seeschiff + ein anderer Verkehrsträger. Oft

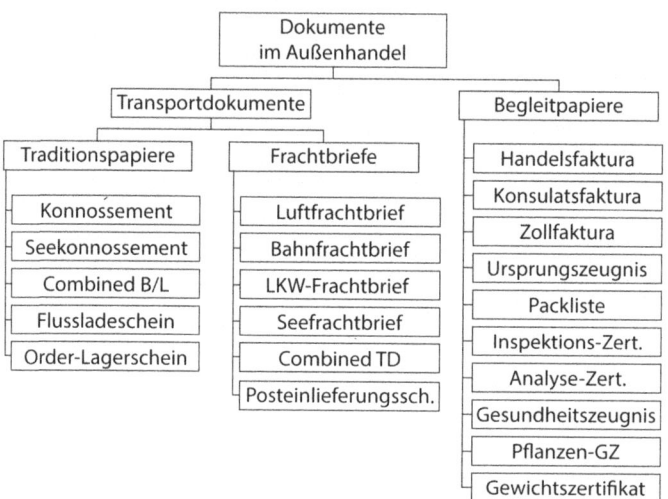

Abb. 10.1 Dokumente im Außenhandel [13] Castor, Volker

auch als Bill of Lading for Ocean Transport or Multimodal Transport ausgestellt)
• Flussladeschein (entspricht dem See-B/L)

Diese Dokumente repräsentieren die Ware und sind handelbar. Es kann weiterhin unterschieden werden nach:

• Übernahmekonnossement (Received for Shipment B/L) oder nach
• Bordkonnossement (On-board B/L, Shipped B/L)

Das Übernahmekonnossement bestätigt nur die Übernahme der Ware, aber noch nicht die tatsächliche Verschiffung. Mit dem Bordkonnossement bestätigt der Verfrachter, dass die Güter zur Verschiffung an Bord eines Schiffes genommen wurden. Bei der Zahlungsart Akkreditiv wird in der Regel ein Bordkonnossement verlangt.
Im Konnossement müssen aufgeführt werden:

10 Dokumente

- Name des Frachtführers
- Name und Nationalität des Schiffes
- Name des Abladers
- Name des Empfängers
- Bestimmungshafen
- Art der empfangenen Güter mit Markierung, Maße, Gewicht und Anzahl sowie deren Beschaffenheit
- Angabe über Frachtzahlung
- Ort und Tag der Ausstellung
- Anzahl der Ausfertigungen (Original + Kopien)
- Name des Ladehafen und des Kapitäns

Der **Order-Lagerschein** ist eine Urkunde, die von einem gewerblichen Lagerhalter ausgestellt wird und den Empfang der Ware bestätigt. Sie ist als Wertpapier durch Indossament übertragbar und ermöglicht damit den Eigentumsübergang auf einen Dritten.

Auf Beschreibung der Frachtbriefe kann hier verzichtet werden, da sie weitgehend bekannt sind und der im Inland gebräuchlichen Funktion und Handhabung ähneln.

Erforderliche (Waren-)**Begleitpapiere** sind in obiger Tabelle genannt. Auf die für die Praxis wichtigsten soll hier kurz eingegangen werden:

- **Lieferantenrechnung** (auch Commercial Invoice genannt). Sie ist eines der wesentlichsten Dokumente und wird für die Verzollung zur Feststellung des Zollwerts, für buchhalterische Zwecke und für Kontrollstatistikaufgaben benötigt.
- **Ursprungszeugnis** (Certificate of Origin). Verifiziert die Herkunft der Ware durch eine Behörde des Exportlandes. Ursprungszeugnisse für Ausfuhrzwecke werden in Deutschland von den IHKs beglaubigt.
- **Packliste**. Listet eine Sendung nach Packstücken, Gewicht, Maßen etc. für Versicherungs- und Zollzwecke auf.

- **Versicherungspolice**. Bestätigt den Abschluss einer Transportversicherung und gibt Auskunft über Höhe des Versicherungsschutzes und über weitere Einzelheiten. Es gibt Einzelpolicen für einen individuellen Vorgang oder Generalpolicen für laufende Transporte gegen gleiche, wiederkehrende Risiken.

Da für bestimmte Waren noch zusätzliche Bescheinigungen oder Zertifikate benötigt werden, ist es ratsam, sich vor Versand über alle erforderlichen Dokumente zu informieren. Im Textilbereich z. B. sind Azo- und Dispersionsfarben verboten, ebenso Nickel in Bekleidung.

Auskunft für den Konsumbereich gibt die Bedarfsgegenstände-Verordnung. Im Chemiebereich ist die **REACH**-Verordnung (**Re**gistration, **E**valuation, **A**uthorisation and Restriction of **C**hemicals) maßgebend. Als EU-Verordnung ist REACH gleichermaßen und unmittelbar in allen Mitgliedstaaten gültig.

11 Qualitäts- und Lieferüberwachung

Obwohl im Kaufvertrag die zu liefernde Ware genau beschrieben ist und technische Spezifikationen vorgegeben wurden, kann es zu Qualitätsmängeln oder Lieferverzögerungen kommen. Gründe hierfür können ungenaue vertragliche Angaben sein, Missverständnisse, fehlendes Qualitätsbewusstsein des Produzenten oder technische Unzulänglichkeiten.

Bei bestimmten Waren spielen auch Wettereinflüsse oder Infrastrukturmängel eine Rolle. Für den Empfänger können sich defekte oder mit Mängeln behaftete Waren katastrophal auswirken und ernste finanzielle Konsequenzen haben. Dasselbe gilt für Lieferverzögerungen, die zu Schadenersatz oder großen Preisnachlässen führen und die Existenz des Unternehmens gefährden können.

Wie kann man sich dagegen schützen? Empfehlenswert ist, **vor Verschiffung, oft schon während der Produktion,** Inspektionen durchzuführen. Es gibt mehrere Optionen:

- Der Käufer kann selbst vor Ort seine Waren und den Produktionsprozess kontrollieren. Solche Inspektionen sollten allerdings bereits im Kaufvertrag festgeschrieben und vom Lieferanten akzeptiert worden sein.

- Gibt es bereits im Lieferland einen Agenten oder eine eigene Niederlassung, werden der Agent oder Mitarbeiter des eigenen Büros kontrollieren.
- Für Erstaufträge oder am Anfang einer Kooperation ist es ratsam, eine professionelle **Prüf- und/oder Inspektionsfirma** einzuschalten. Es gibt viele Unternehmen, die sich hierauf spezialisiert haben. Hier nur einige bekannte und weltweit tätige Firmen:
  - Societe Generale de Surveillance (SGS) Genf
  - Bureau Veritas
  - TÜV-Rheinland

▶ Es ist zu bedenken, dass die Gebühren für solche Inspektionen ein wesentlicher Kostenfaktor sein können und im Voraus kalkuliert werden müssen. Es muss klar sein, welche der Vertragsparteien diese übernimmt.

Es gibt mehrere Arten der Kontrolle, zum Beispiel:

- **Random Inspection,** d. h. es wird nur ein vorher festgelegter Prozentsatz des Gesamtauftrags kontrolliert (Zufallsprinzip)
- **Pre-production Inspection** bedeutet, dass bereits eingesetzte Vormaterialen geprüft und der komplette Fertigungsprozess überwacht werden können
- **Inspektion der Gesamtmenge nach Fertigung und vor Verladung**

Über das Ergebnis der Inspektionen wird ein **Inspection Certificate** ausgestellt und dem Auftraggeber bzw. dem Käufer übermittelt. Bei defekter Ware oder bei Mengenabweichungen muss er dann entscheiden, wie vorgegangen werden soll. Es kann zur Ablehnung des Gesamtauftrags führen, es können Preisnachlässe oder Änderungen der ursprünglichen Zahlungsmodalitäten angestrebt werden. Unter Umständen wird der Kunde – nur wenn dies seine Lieferverpflichtung erlaubt – auf Neufertigung bestehen.

Ein Inspektionszertifikat sollte deshalb immer Teil der im Akkreditiv geforderten Dokumente sein. So können Sie vermeiden, dass Sie für verspätete oder defekte Ware bezahlen zu müssen.

Die Überwachung der **Lieferfrist** ist ebenso wichtig, wie die Sicherung der Qualität. Es kann fatale Folgen haben, wenn ein Unternehmen eingegangene Lieferverpflichtungen seinen Kunden gegenüber nicht einhalten kann. Gerade für Klein- und Mittelbetriebe sind Schadenersatzansprüche wegen Lieferverzug äußerst kostspielig und bedeuten oft das Aus eines Unternehmens. Wenn schon der Erstauftrag nicht pünktlich und korrekt geliefert werden konnte, wird es kaum eine zweite Chance geben.

Prüf- und Inspektionsfirmen können auch hier tätig werden, den zeitlichen Ablauf der Produktion überwachen und sicherstellen, dass pünktlich geliefert werden kann. Natürlich wird der Käufer von der Auftragserteilung bis zur Lieferung laufend prüfen, ob sein Partner eingegangene Verpflichtungen erfüllt und im Zeitplan liegt. Dies beginnt schon bei der Beschaffung von Vor- und Rohmaterialien und endet erst bei korrekter und pünktlicher Verschiffung.

Da es in der Saison oder in Boomzeiten oft zu Kapazitätsengpässen bei Transportmöglichkeiten kommt, empfiehlt es sich, schon bei Auftragserteilung genügend Schiffsraum zu buchen. Hier hilft die Zusammenarbeit mit einem erfahrenen Logistikpartner sehr.

▶ Bei allen Aufträgen sollten Sie einen Zeitpuffer einplanen. Erfahrungsgemäß wird es fast immer zu Verzögerungen kommen. Oft hat dies nicht einmal Ihr Partner zu vertreten, sondern es können administrative Gründe verantwortlich sein. Unvorhergesehen Naturereignisse, neue Regierungsvorschriften, Transportprobleme oder Verzögerungen bei Abnahme und Verzollung sind möglich.

Verzollung 12

12.1 Klärung der Begriffe

Zu Beginn dieses Kapitels zunächst einige begriffliche Erläuterungen und allgemeine Bemerkungen.

Festzuhalten ist, dass Zölle im Sinne der Abgabenordnung (AO) Steuern sind. Sie sind ein Werkzeug der Außenhandelspolitik und nicht unumstritten, da sie den grenzüberschreitenden Warenverkehr behindern. Die Zollhöhe sollte für alle Handelspartner gleich sein – gemäß Meistbegünstigungsprinzip –, jedoch gibt es Ausnahmen im Rahmen spezieller Abkommen oder einer Zollunion.

Es wird grundsätzlich zwischen verschiedenen Zollarten unterschieden:

- **Finanzzölle.** Zölle, die hauptsächlich als Einnahmequelle des Staates erhoben werden. Es sollen Staatseinahmen durch Belastung bestimmter Importe – meist Genussmittel oder Waren, die im Inland nicht hergestellt werden – erzielt werden.
- **Schutzzölle.** Diese dienen dem Zweck, inländische Produkte und Produzenten vor billigerer ausländischer Konkurrenz zu schützen.

Außerdem kann man weiter unterteilen in:

- Einfuhr-, Ausfuhr- und Durchfuhr - (Transit -) Zoll
- **Erziehungszoll.** Erziehungszölle werden eingeführt, um heimische Produzenten **vorübergehend** vor internationalen Wettbewerbern zu bewahren und ihnen die Möglichkeit zu geben, die eigene Produktion technisch und preislich dem internationalen Niveau anzupassen. Den Produzenten soll für begrenzte Zeit Konkurrenzdruck genommen werden, mit dem Ziel, dass sie nach Ablauf dieser Zeit sowohl national als auch international wettbewerbsfähig sind.
- **Antidumpingzoll.** Einfuhrzölle, die den im Importland eintretenden negativen Wirkungen von **Dumping** eines Exportlandes begegnen sollen. Einfuhren werden dadurch verteuert. (Definition Gabler Wirtschaftslexikon – Prof. Dr. Witte) Es handelt sich also um (vorübergehende) Schutzmaßnahmen zur Abwehr eines Marktungleichgewichtes durch subventionierte Exporte von Drittländern. (vgl. Abschn. Dumping-Antidumping Maßnahmen)
- **Vergeltungszölle.** Zölle, die als Ausgleich für Einfuhrbeschränkungen eines anderen Landes erhoben werden.

Bei der Berechnung der Zollhöhe gibt es vorwiegend die Verfahren

- **Wertzoll.** Maßgebend für die Berechnung ist der Zollwert einer Ware, d. h. es wird ein bestimmter **Prozentsatz** aufgeschlagen.
- **Gewichtszoll.** Hierbei legt man eine bestimmte Maßeinheit zugrunde (Menge, Gewicht, Beschaffenheit der Ware) für die ein bestimmter Geldbetrag (€, $, Franken) angesetzt wird.

Es gibt auch Kombinationen aus beiden Verfahren.

In der EU wird bei der Ein- und Ausfuhr generell das Wertzoll-Verfahren angewendet, nur die Schweiz benutzt als Berechnungsgrundlage das Gewichtszollsystem.

Zölle werden von den Mitgliedstaaten der EU verwaltet und eingezogen, in Deutschland durch die Bundeszollverwaltung. Es ist aber wichtig zu wissen, dass Zolleinnahmen aller Mitgliedstaaten der Europäischen Union zustehen und eine wesentliche Einnahmequelle und ein wichtiger Budgetposten des EU-Gesamtetats sind. Für die einzelnen Mitgliedsländer sind sie nur ein durchlaufender Posten.

Seit Bestehen des **EU-Binnenmarktes** fallen im Warenverkehr innerhalb der Gemeinschaft keine Zölle mehr an. Es gilt der freie und ungehinderte Austausch aller Waren über alle Binnengrenzen hinweg. Bei Importen aus **Drittländern** jedoch sind alle Waren zollmäßig zu „gestellen" (also beim zuständigen Zollamt anzumelden), wobei je nach Warenart die Einfuhren gemäß gültigem Zolltarif mit Zoll belastet werden. Als Drittländer gelten laut Außenwirtschaftsrecht alle Staaten und Gebiete außerhalb des Vertragsgebietes, also alle Nicht-EU-Länder (§ 4, Abs. 1 Außenwirtschaftsgesetz AWG).

▶ **Anmerkung** Um überhaupt zollmäßig aktiv werden zu können, müssen alle Zollbeteiligten (Importeure) die sogenannte EORI-Nummer (Economic Operators Registration and Identification Number) beantragen. Ohne diese geht nichts mehr.
Kontakt: Informations- und Wissensmanagement Zoll - Dresden, Fax-Nr. 0351-44834 442.

Durch laufende Zollsenkungen der letzten Jahre im Rahmen von GATT und WTO spielen Finanzzölle nicht mehr die ehemals wichtige Rolle als inländisches Finanzinstrument.

Im Rahmen des GATT wurden die Durchschnittszölle der Mitgliedstaaten von etwa 40% nach dem zweiten Weltkrieg auf gegenwärtig etwa 5% gesenkt.

12.2 Wie werden Drittlandswaren eingeführt?

Nach Ankunft der Waren im Bestimmungsland, zum Beispiel in Hamburg, beginnt die zollrechtliche Behandlung mit der Eröffnung des **Versandverfahrens.** Dies ist ein Zollverfahren zur Erleichterung der Warenbeförderung zwischen zwei Orten in einem Zollgebiet, über ein anderes Zollgebiet oder gar über mehrere Zollgebiete. Es ermöglicht die Aussetzung der Zölle und handelspolitische Maßnahmen, die bei der Einfuhr anwendbar sind. Dadurch ist es möglich, die Verzollung am Bestimmungsort statt am Eingangsort vorzunehmen [14].

Mit anderen Worten: Das Versandverfahren ist ein Verfahren, bei dem Waren unverzollt und unversteuert innerhalb der EU bzw. der EFTA-Staaten befördert werden können. Es handelt sich um Güter, die sich noch nicht im inländischen oder innereuropäischen Wirtschaftskreislauf befinden. Da die Waren dabei erst später zollrechtlich abgefertigt werden, gibt es ein Abgaberisiko (Zölle), das durch die zollamtliche Überwachung des Transports kontrolliert wird.

Versandverfahren sind bei den zuständigen Zollämtern mittels einer Versandanmeldung zu beantragen. Dies geschieht in den meisten Fällen durch Ausstellen/Vorlage des **Versandpapiers T 1**. Neuerdings kann das auch elektronisch im NCTS-Verfahren oder durch eine Internetversandanmeldung (IVA) erfolgen.

Beendet wird das Versandverfahren durch Überführung in den **freien Verkehr**, d. h. durch Verzollung der Waren mittels einer Zollanmeldung. Eine Kopie des Zollbelegs geht an die Ausgangszollstelle zurück und beendet das Verfahren. Erwähnt sei noch, dass anstelle der Überführung in den freien Verkehr die überwachten Waren auch in einem **Zollfreilager** zwischengelagert werden können.

Rechtsgrundlagen für das Versandverfahren ergeben sich aus den Bestimmungen des Zollkodex und der Durchführungsverordnung zum Zollkodex (ZK-DVO).

Die Zollanmeldung geschieht **elektronisch** durch die Software ATLAS (Automatisiertes Tarif- und Lokales Zollabwicklungssystem).

Folgende Angaben sind bei der Zollanmeldung zu machen:

- Grunddaten (Bezugsnummer, Abfertigungs-Zollstelle, Rechnungspreis, Zahlungsart, Registriernummer, Maßangaben, Erfassungsdaten)

12.2 Wie werden Drittlandswaren eingeführt?

- Adressangaben
- Transportdaten (LKW-Container-Nummern, Incoterms, Lieferbedingungs-Schlüssel.)
- Zollbehandlung (Eingangszollstelle, Art des Geschäfts, Statistik, Vorpapier)
- Aufschubangaben (Aufschubzollamt, Eust/Einfuhrumsatzsteuer-Sicherheitsleistung etc.)
- Beendigungs-Nummer (Bezugsnummer, Gestellungsdatum, Vorpapiernummer, z. B. T1-Nummer)

In Unterpositionen sind die eingeführten Waren genau zu beschreiben, die Zolltarifnummer ist anzugeben und weitere Details wie Währungsangaben, Packstückart, Zollbehandlung, Präferenzangaben und statistische Daten zu vermerken. Falls erforderlich, sind in der Spalte Unterlagen Angaben über Produkte zu machen, die bei Einfuhr dem Washingtoner Übereinkommen Y 900 (Schutzabkommen) unterliegen.

Bei allen zollrelevanten Vorgängen spielt die **Zolltarifnummer** eine entscheidende Rolle. Das **Harmonisierte System** (HS-System) ermöglicht die genaue Bezeichnung von Waren und somit die Vereinheitlichung auf internationaler Ebene. Die Zolltarifnummer ist eine **elfstellige Codenummer.** Die ersten sechs Stellen dienen der genauen Warenbeschreibung laut Warenverzeichnis (umfasst alle existierenden Güter), die Stellen sieben und acht sind im Rahmen der Nomenklatur für statistische Zwecke der EU vorgesehen, Stellen neun und zehn beschreiben verschlüsselt gemeinschaftliche Maßnahmen wie Antidumping (TARIC) und die elfte Stelle dient nationalen Zwecken (Umsatzsteuer, nationale Verbote).

Zum Schluss dieses Kapitels soll noch auf einen speziellen, sicherheitspolitischen Aspekt bei der Zollabfertigung eingegangen werden. Im Rahmen des SAFE-Abkommens (weltweit) wurde auf europäischer Ebene die Einführung des **Authorised Economic Operators** (AEO) beschlossen. Ein solcher Wirtschaftsbeteiligter gilt als besonders zuverlässig und vertrauenswürdig und kann deshalb (**sehr beschränkte**) Vergünstigungen bei der Zollabfertigung in Anspruch nehmen. Um die Vorteile des AEO nutzen zu können, ist beim zuständigen Hauptzollamt ein Antrag zu stellen Es folgt ein aufwendiges und kostenträchtiges Bewilligungsverfahren, das zahlreiche innerorganisatorische Änderungen beim Einführer zur Folge haben kann. Ob die eingeräumten Vorteile den erforderlichen Aufwand rechtfertigen, ist unter den Beteiligten sehr umstritten.

Je nach Beantragung und dem Grad gewährter Vergünstigungen wird noch zwischen

- AEO/*C* (Zoll)
- AEO/*F* (Full)
- AEO/*S* (Sicherheit)

unterschieden.

12.3 Dumping (Antidumping-Maßnahmen)

▶ In der Literatur wird Dumping (aus dem Englischen) oft als räumliche Preisdifferenz beschrieben, welche vorliegt, wenn bestimmte Waren aus dem Ausland im Inland zu niedrigeren Preisen angeboten werden als auf dem Heimatmarkt. Im EU-Recht gibt es keine präzise Definition, sondern es werden nur Vorgaben gemacht.

Gemäß GATT (Vorgänger der WTO) liegt Dumping vor, wenn Handelswaren eines Landes unter ihrem normalen Wert (cost price) auf den Markt eines anderen Landes gebracht werden und dadurch die inländische Produktion erheblich geschädigt oder verzögert wird. Dies ist immer dann der Fall, wenn der Preis einer Ware, die exportiert wird, billiger ist, als der Verkaufspreis der gleichen Ware im Herstellerland.

Oft wird dies erreicht, indem seitens der Regierung des Produktionslandes an den Exporteur Prämien gezahlt oder Subventionen gewährt werden (beispielsweise durch Steuernachlässe oder nachträgliche Erstattungen) (Abb. 12.1).

12.3 Dumping (Antidumping-Maßnahmen)

Instrument	Scope	Practice concerned	Criteria for imposing measures
Antidumping (85 % of EU TDI cases?)	Country specific imports from companies	Dumping: export prices below domestic prices/costs in third country	– dumping/subsidy – injury (or threat of injury) To EC producers of like product
Anti-subsidy (18 % of EU TDI cases) **+ Airlines Regulation**	Country specific imports from companies	Actionable or prohibited subsidy	– causal link – Community interest to act ("WTO+") - Lesser duty rule ("WTO+")
Safeguards (<1 % of EU cases) + Transitory safeguard mechanism	In general "erga omnes" – all imports from all countries	Sudden and massive surge of imports	– import surge – serious injury to EC producers of like product or directly competing product – causal link – Community interest to act ("WTO+")

Abb. 12.1 What are the trade defence instruments and how do they work? (Europäische Kommission, Brüssel, Generaldirektion Handel)

Um Gegenmaßnahmen – also Antidumpingzölle – einzuführen, sind im Einfuhrland bestimmte Kriterien zu prüfen. So ist der Nachweis einer **erheblichen** Schädigung der inländischen Produktion erforderlich, außerdem muss der Antrag zur Einführung von einer Mindestanzahl der inländischen Hersteller unterstützt werden, die wiederum einen bestimmten Marktanteil repräsentieren müssen. Es muss ein direkter Zusammenhang von Dumping und Schäden für inländische Hersteller präzisiert werden (Art. 3 WTO). Es können sowohl natürliche als auch juristische Personen bzw. stellvertretend Verbände Anträge stellen [15].

Bis zur endgültigen Erhebung von Antidumpingzöllen ist es ein komplizierter und langwieriger Weg mit genau vorgegebenen Fristen, eventuell einer Anhörung vor der Kommission und genauen Preisangaben, technischen Details und vielem mehr. Für Klein- und

Mittelunternehmen war dies bisher eine kaum zu überwindende Hürde.

Laut Vorgaben des Subventionskodexes dürfen Antidumpingzölle grundsätzlich nur für fünf Jahre eingeführt werden (mit der Möglichkeit einer eventuellen Verlängerung). Da Schäden nicht überkompensiert werden dürfen, muss die Verhältnismäßigkeit zwischen Schaden und getroffener Maßnahme gewahrt bleiben. Maßgebend ist dabei die **Dumpingspanne** (Differenz zwischen Inlandspreis im Exportland und dem Exportpreis). Dumpingzölle werden immer **zusätzlich** zum normalen Zoll erhoben. Sie können **vorläufig** festgesetzt werden oder endgültig.

Um es auch KMUs zu ermöglichen, an diesem Prozess aktiv teilzunehmen, wurden zwischenzeitlich bedeutende Verbesserungen erreicht. So gibt es nun einen Hearing Officer, an den sich Unternehmen direkt wenden können, es gibt eine bessere Planbarkeit (predictability) und längere Fristen für Stellungnahmen, außerdem muss die Kommission alle Beteiligten zeitnäher informieren. Der Fragebogen wurde KMU-freundlicher, also kürzer. Es gibt eine größere Transparenz und vor allem ist es erforderlich, das **Verbraucherinteresse** bei Abwägung des Gesamtsachverhalts mehr zu berücksichtigen. Es muss geprüft werden, ob EU-Verbraucher durch Antidumpingzölle ungebührlich belastet werden und somit der Gesamtnachteil mögliche Vorteile überwiegt.

Trotz aller erzielten Erleichterungen sind im zurzeit diskutierten Entwurf der Kommission noch immer Bestimmungen enthalten, die stark verbesserungswürdig sind. Die so genannte **Shipment Clause** ist so ein Fall. Es geht darum, ob Waren, die bereits verschifft sind, einem künftigen Dumpingzoll unterliegen sollen, obwohl dies bei Auftragserteilung noch nicht bekannt war, der inländische Importeur den zusätzlichen Zollaufschlag also nicht kannte und nicht miteinkalkulieren konnte. Es wäre wünschenswert, könnte bereits produzierte oder wenigstens schon verschiffte Ware vom Antidumpingzoll ausgenommen werden, da es sonst unmöglich ist, Importe langfristig zu planen. Die Erfolgsaussichten hierfür sind angesichts

12.3 Dumping (Antidumping-Maßnahmen)

der bestehenden Mehrheitsverhältnisse im Parlament und der Meinung der Kommission jedoch gering.

Ein anderes Beispiel ist die **Lesser Duty Rule** (LDR). Dies ist ein kompliziertes und komplexes Konstrukt und bedeutet, dass Anti-Dumping- und Anti-Subventionszölle nicht höher sein dürfen als der Schaden, den EU-Produzenten durch Dumping erleiden. Die Anwendung der LDR begrenzt also die Höhe anzuwendender Antidumping-Zölle. Es gibt Bestrebungen, diese Vorgabe auszusetzen, was zu teilweise exorbitanten Zollerhöhungen führen würde.

Ebenso zweifelhaft sind Bemühungen, künftig auch Antidumpingabgaben gegen vermeintliches Sozial- oder Umwelt-Dumping zu etablieren und damit noch weitere, wirtschaftsfremde Kriterien für Anti-Dumping-Zwecke zu etablieren.

Kritische Anmerkung
Sowohl von Industrieländern als auch von Entwicklungs- oder Schwellenländern werden neuerdings Antidumpingmaßnahmen vermehrt als **protektionistisches Instrument** missbraucht. Die Politik bewegt sich auf einem schmalen Grat zwischen berechtigten Schutzinteressen der Industrie und abzulehnendem Protektionismus. Es hat sich gezeigt, dass nach Einführung von Antidumpingzöllen Gesamteinfuhren eines Erzeugnisses nicht abnahmen, sondern Import- bzw. Warenströme sich nur auf andere Lieferländer verlagert haben, teilweise sogar auf weniger leistungsfähige. Es ist immer streng darauf zu achten, Antidumpingmaßnahmen nicht als Protektionismus durch die Hintertür miss zu verstehen (EuroCommerce Brüssel- Pressekonferenz nach Sitzung des International Trade Committees Herbst 2013). Leider nutzt auch die EU sehr häufig – viele sagen exzessiv – Anti-Dumpingmaßnahmen, um angeblichen unfairen Wettbewerb auszuschalten. Laut einer WTO-Statistik gab es im Jahr 2012 insgesamt 177 Antidumping-Verfahren, und das nur durch die Top-12-Nutzer [16] (Abb. 12.2).

Top 12 users of anti-dumping for 2012 (by initiations)		Top 10 users of anti-dumping 1995-2012 (by initiations)	
Brazil	47	India	677
India	21	US	469
Turkey	14	EU	451
EU	13	Argentina	303
Argentinia	12	Brazil	279
Australia	12	Australia	247
US	11	South Africa	217
Canada	11	China	200
Malaysia	11	Canada	166
China	9	Turkey	162
Taipai, Chinese	9		
Indonesia	7		

Top 10 targets of AD investigations 2012 (initiations)		Top 10 targets of AD investigations 1995-2012 (initiations)	
China	60	China	916
Korea, Republic of	22	Korea, Republic of	306
Taipei, Chinese	22	US	244
Thailand	10	Taipei, Chinese	234
India	10	Thailand	174
US	9	Indonesia	171
Vietnam	8	Japan	171
Indonesia	6	India	166
Japan	6	Russian Federation	127
EU	5	Brazil	116

The sectors involved in AD investigations for the period 1995-2012 are:

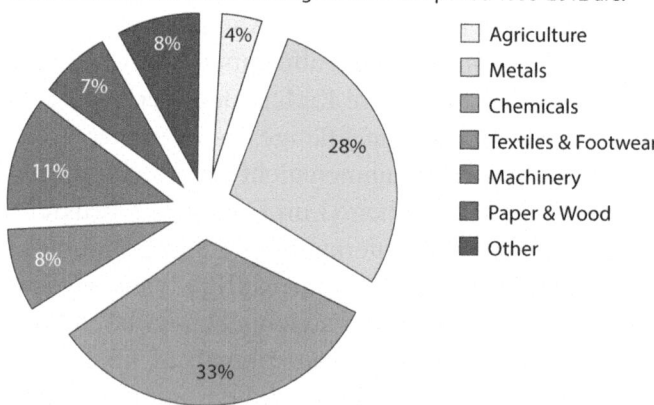

Abb. 12.2 Top 12 users of anti-dumping for 2012. (Bildrechte: WTO-Genf)

12.4 Sonderregelungen – Spezielle Abkommen

12.4.1 Präferenzen

Die Europäische Gemeinschaft hat mit vielen Ländern oder Ländergruppen Abkommen geschlossen, die den Vertragsstaaten besondere Vergünstigungen, also Präferenzen, beim gegenseitigen Warenaustausch einräumen. Es gibt Vereinbarungen, die auf Gegenseitigkeit beruhen, d. h. beide Vertragspartner gewähren sich **gegenseitig** Vorteile, außerdem so genannte **autonome Abkommen**, bei denen die EU einseitig Begünstigungen einräumt, ohne Vorteilsgewährung der Gegenseite. Grundsätzlich geht es immer darum, **Zollbegünstigungen** beim Warenaustausch zu gewähren.

Wenn mehrere Länder untereinander verbunden sind, bezeichnet man dies als **Präferenzzone** (zum Beispiel: Europäischer Wirtschaftsraum/EWR, Paneuropa-Mittelmeer, SAP West-Balkan, ÜLG etc.). Innerhalb einer Präferenzzone gelten Vormaterialen ursprungsrechtlich als eigene Waren ohne Zollbelastung (Kumulierung).

Die für EU-Importeure wichtigsten **Präferenzsysteme** sollen nun kurz erläutert werden (ohne Anspruch auf Vollständigkeit).

12.4.1.1 Allgemeines Präferenzsystem (General System of Preferences – GSP)

Ziel ist es, im Rahmen dieses Systems Entwicklungsländern Zollvorteile einzuräumen. Begünstigt werden sollen neuerdings vermehrt besonders bedürftige Länder, oft als LDCs (**Least Developed Countries**) bezeichnet.

Die Zollbegünstigung kann dabei von einem reduzierten Zollsatz (gegenüber dem normalen Drittlandssatz) bis zu völliger Zollfreiheit reichen. Die Gewährung dieser Vergünstigungen ist jedoch an strenge Kriterien gebunden, speziell in Bezug auf **Ursprungsregelungen**. Der Nachweis darüber muss durch ein besonderes Ursprungszeugnis (Certificate of Origin **Form A**) geführt werden. Für Kleinsendungen mit geringem Gesamtwert genügt eine Ursprungserklärung auf der Lieferantenrechnung.

Das bisherige Abkommen lief am 31. Dezember 2013 aus. Es war wenig planbar, mit verhältnismäßig komplizierten Ursprungsregeln, recht komplex und mit einer Dauer von drei Jahren zu kurz. Das neue Abkommen (ab 1. Januar 2014) hat eine Geltungsdauer von zehn Jahren und erfüllt weitgehend die von vielen Akteuren und Verbänden geforderte bessere Planbarkeit und Transparenz, außerdem ist es einfacher anzuwenden.

Nur so ist sichergestellt, dass Importeure das GSP wirklich nutzen und dadurch der Zweck des Abkommens, nämlich armen Entwicklungsländern einen besseren Marktzugang zu verschaffen und sie wettbewerbsfähiger zu machen, erreicht werden kann. Da während der Dauer des Abkommens begünstigte Länder ihren Status durch zunehmende Wettbewerbsfähigkeit oder zunehmenden Wohlstand verlieren können, ist es ratsam, vor Auftragsvergabe an Drittländer zu prüfen, ob das jeweilige Land noch im Rahmen des GSP begünstigt ist. (Maßstab für die Beurteilung sind Zahlen der Weltbank).

Dabei sind zwei Optionen denkbar:

1. Weltbank klassifiziert ein Land als High Income oder Uppermiddle Income. Mit Beginn des folgenden Jahres verliert dieses Land den Begünstigtenstatus, wobei noch eine Übergangsfrist von einem Jahr gewährt wird.
2. Es kommt zum Abschluss eines bilateralen Abkommens (typischerweise einem FTA). In diesem Fall gilt eine Übergangsfrist von zwei Jahren.

Wenn bestimmte Entwicklungsländer zusätzliche Kriterien erfüllen, können sie in den Genuss von **GSP plus** mit noch weitergehenden Vorteilen kommen. Das **Everything but Arms (EBA)**-Abkommen gewährt im Rahmen des GSP den am wenigsten entwickelten Ländern zoll- und quotenfreien Zugang zur EU für alle Waren außer Waffen.

12.4 Sonderregelungen – Spezielle Abkommen

12.4.1.2 AKP-Abkommen (Lome Agreement)

Dieses EU-spezifische Abkommen gewährt 77 Staaten aus Afrika, der Karibik und dem Pazifik (größtenteils frühere Kolonien) zollrechtliche Vorteile. Geschlossen wurde diese Vereinbarung 1975 und anschließend laufend aktualisiert (Lome II, Lome III und Lome IV). Im Juni 2000 wurde sie durch das **Cotonou-Abkommen** ersetzt. Ziel ist, den AKP-Staaten bei Exporten in die EU Präferenzen durch **Zollfreiheit** zu gewähren und die Kooperation auf wirtschaftlichem, finanziellem und kulturellem Gebiet zu intensivieren. Es soll ein privilegierter Marktzugang in die EU erreicht werden.

Verbunden mit dieser Vereinbarung ist der STABEX-Fonds, der Exporte der begünstigten Länder im Agrarbereich preislich absichert und so begünstigte Länder vor starken Schwankungen des Weltmarktes im Rohstoffbereich schützt. Auch hier gilt, dass Vergünstigungen an gewisse Voraussetzungen gebunden sind. Bei der Einfuhr in die EU ist deshalb die Warenverkehrsbescheinigung **EUR. 1** zwingend vorzulegen. Zu beachten ist, dass innerhalb der AKP-Staaten die volle Kumulation gilt.

12.4.1.3 Foreign Trade Agreements (FTA)

Da Verhandlungen über ein universelles, **multilaterales** Handelsabkommen im Rahmen der **WTO** nicht erfolgreich abgeschlossen werden konnten, gingen die großen Handelsnationen (USA, Japan, EU) dazu über, mit bedeutenden Handelspartnern zweiseitige, also **bilaterale**, Abkommen zu schließen. Die Verhandlungspartner gewähren sich gegenseitig Zoll- und Handelsvorteile und unbeschränkten Marktzugang. Nach Ablauf bestimmter Übergangsfristen soll der Warenverkehr zwischen den Unterzeichnern absolut frei und ohne irgendwelche Behinderungen oder Zollbelastungen abgewickelt werden können. Sowohl die USA als auch die Europäische Union sind zurzeit dabei, mit ihren wichtigsten Handelspartnern solche FTAs zu verhandeln.

Die Verhandlungen mit Japan beschäftigen die zuständigen EU-Behörden im Moment sehr. Schwierig ist dabei, einen doch stark protektionistischen Markt – besonders für ausländische Firmen – aufzubrechen und in einem akzeptablen Zeitraum zu einem Abschluss zu kommen.

Natürlich beeinflussen zweiseitige Absprachen maßgebend Warenströme und das Kaufverhalten globaler Akteure. Beispielhaft sei hier das FTA der EU mit Korea genannt. Die Einfuhr koreanischer Autos hat – teilweise sehr zum Leidwesen bestimmter EU-Hersteller – nach Abschluss des Abkommens stark zugenommen, da bisher bestehende Zollschranken entfielen.

12.4.1.4 Zollunion und Assoziationsabkommen

Auch dies sind Sonderregelungen, die den gegenseitigen Warenaustausch intensivieren und die beteiligten Länder zu insgesamt besserer Zusammenarbeit motivieren sollen. So besteht seit vielen Jahren eine Zollunion mit der Türkei, sodass der Handel nahezu ungehindert (fast wie im Binnenmarkt) und ohne Zölle durchgeführt werden kann.

Mit den zentralamerikanischen Ländern Costa Rica und El Salvador gibt es seit Oktober 2013 ein Assoziationsabkommen, mit Honduras, Nicaragua und Panama schon seit August 2013.

12.4.2 Kritische Anmerkungen zu den Präferenzen

Kritisch anmerken möchte ich jedoch, dass Präferenzabkommen auf einer diskriminierenden Handelspolitik beruhen und dem Prinzip der Meistbegünstigung und des freien Handels widersprechen. Oben genannte Abkommen werden bevorzugt mit wichtigen und größeren Partnern geschlossen, sodass die weniger einflussreichen Entwicklungsländer noch mehr Nachteile erleiden und noch weniger die Chance erhalten, sich erfolgreich in die Weltwirtschaft zu integrieren. Genau solche Länder aber sind auf Ausfuhrmöglichkeiten dringend angewiesen.

12.4 Sonderregelungen – Spezielle Abkommen

Bilaterale Abkommen gelten unter Fachleuten grundsätzlich als die zweitbeste Lösung, da weltweit geltende **multilaterale** Vereinbarungen vorzuziehen wären. Gerade für Klein- und Mittelbetriebe ist es schwer, alle geschlossenen bilateralen Abkommen zu kennen und bei ihren Außenhandelsgeschäften zu befolgen bzw. richtig einzuordnen.

Die Europäische Union unterscheidet bei Auflistung der Präferenzregelungen zwischen verschiedenen Ländergruppen und beschreibt, ob Präferenzen gegenseitig oder einseitig gewährt werden – Beispiel: *ESA- Länder* (Staaten des östlichen und südlichen Afrika), *MK-Länder* (Ägypten, Algerien) – und nennt die Art der Regelung, also Freiverkehrs-Präferenz (Andorra) oder Ursprungspräferenz.[1]

Schließlich soll noch der Hinweis gegeben werden, dass Abkommen, wie z. B. GSP, oft für bestimmte Produkte Ausschluss-Klauseln (Safeguard Clauses) enthalten. Es können demnach für gewisse **sensible** Waren Sicherheiten eingebaut werden, die es ermöglichen, bei Überschreiten bestimmter Mengen eingeräumte Zoll-/Handelserleichterungen zu widerrufen. Zum Beispiel Specific Textiles Safeguard Clause im GSP.

Aktuelle Anmerkung

Es ist wichtig, immer daran zu denken, dass sich Zollvorschriften laufend ändern können. Sie werden aufgrund von praktischen Erfahrungen oder politischen Entscheidungen permanent modifiziert. Dies geschieht vor allem auf dem Weg von nationalen Zollvorschriften zum EU-weiten verbindlichen Unionszollkodex. Als Beispiel sei nur der Wegfall der Verkehrsbescheinigung EUR.1 zum 01.01.2017 für Warenverkehr mit überseeischen Ländern und Gebieten (ÜLG) genannt

---

[1] Umfassende Informationen über Zölle, Zollabwicklung, Präferenzen etc. sind auf der Website www.zoll.de zu finden. Länderauskünfte durch Eingabe des ISO-Alpha Codes 2 oder durch Eingabe des Ländernamens.

oder die Erhöhung der Wertgrenzen für Ursprungserklärungen (auf 10.000 €).

Bei Exporten ist zum Beispiel bei Embargo-Verordnungen (z.B. Iran) streng zu beachten, dass für bestimmte Codenummern - in codierter Form - anzugeben ist, welches Dokument vorzulegen oder aufgrund einer „Negativcodierung" eben nicht erforderlich ist.

Status quo und Ausblick 13

13.1 Status quo des deutschen Außenhandels

Als Anhang nochmals die Außenhandelszahlen der Bundesrepublik für 2012 und die Vergleichsdaten der zehn größten Handelsnationen (Abb. 13.1).

Zum Abschluss sind hier die neuesten Ergebnisse der deutschen Außenhändler aufgeführt, verbunden mit einem großen Kompliment für Leistungsbereitschaft, Dynamik und dauernde Innovationsfähigkeit. Besonders denke ich dabei an die vielen **Hidden Champions** aus dem Mittelstand und deren Beitrag für Wohlstand, Wachstum und Beschäftigung.

Es ist offensichtlich, dass solche Zahlen nur zu erreichen sind, weil es eine enge Verzahnung mit der Weltwirtschaft und speziell innerhalb der EU gibt. Gerade unsere Nachbarn profitieren erheblich von der Exportstärke Deutschlands, denn viele Vormaterialen, Zubehörteile, Halb- und Fertigwaren werden von dort importiert (Abb. 13.2).

Die von manchen Regierungen und der Kommission wiederholt geäußerte Kritik am deutschen Außenhandelsüberschuss ist deshalb nur sehr bedingt berechtigt und muss stark relativiert werden. Der Löwenanteil des deutschen Überschusses wird mit Drittländern realisiert. Im Handel mit den Euro-Ländern ist er im vergangenen Jahr

	Ausfuhr				Einfuhr		
Rang	Land	Mrd. US Dollar	Anteil in %	Rang	Land	Mrd. US Dollar	Anteil in %
1	Volksrepublik China	2.049	12,6	1	USA	2.335	13,7
2	USA	1.547	9,5	2	Volksrepublik China	1.818	10,7
3	Deutschland	1.408	8,7	3	Deutschland	1.168	6,8
4	Japan	799	4,9	4	Japan	886	5,2
5	Niederlande	656	4,0	5	Großbritannien	681	4,0
6	Frankreich	570	3,5	6	Frankreich	674	4,0
7	Südkorea	548	3,4	7	Niederlande	591	3,5
8	Russische Föderation	529	3,3	8	Südkorea	520	3,0
9	Italien	501	3,1	9	India	489	2,9
10	Großbritannien	469	2,9	10	Italien	486	2,9
nachrichtlich				nachrichtlich			
darunter	EU 27	5.795	35,6	darunter	EU 27	5.931	34,8
	EU-Extrahandel	2.167	13,3		EU-Extrahandel	2.302	13,5
	EU-Intrahandel	3.629	22,3		EU-Intrahandel	3.629	21,3

Abb. 13.1 Anteile am Welthandel

sogar geschrumpft. Unberücksichtigt bleiben meist die Rolle der Bundesrepublik als größter Kapitalexporteur und die Tatsache, dass in den reinen Exportzahlen der hohe Anteil der darin enthaltenen Importe nicht ausgewiesen wird.

Tab. 13.1 Außenhandelsleistung der Bundesrepublik. (Quelle: Statistisches Bundesamt)

Ausfuhr	1.093 Mrd.
Einfuhr	896 Mrd.
Ausfuhrüberschuss	198 Mrd.
Exportquote	41,5 %
Importabhängigkeitsquote	37 %

Die aktuellen Zahlen für 2013 sind (in €):

13.1 Status quo des deutschen Außenhandels

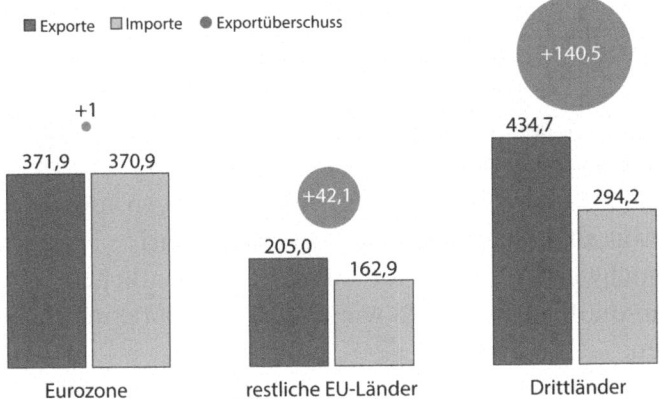

Abb. 13.2 Zankapfel Exporte: Deutscher Handelsüberschuss entsteht außerhalb der Eurozone

Anmerkung
Nach einer sehr aktuellen Studie der **Prognos AG** profitieren gerade unsere europäischen Partner ganz besonders von der deutschen Exportstärke. **3,5 Mio. Arbeitsplätze** hängen in anderen EU-Ländern von der Nachfrage deutscher Unternehmen ab. Alleine im Jahr 2012 kauften inländische Firmen Vorprodukte im Wert von 409 Mrd. $ von EU-Mitgliedern ein. Die Chemieindustrie alleine gab dabei mehr als 60 Mrd. $ für Vorleistungen aus! Wichtige Käufer europäischer Waren sind auch die Autohersteller, der Maschinenbau und die Metallindustrie. Die meisten Vorleistungen werden gemäß dieser Studie aus den Niederlanden und aus Belgien bezogen.

Die Prognos-Experten schätzen die Anzahl der Arbeitsplätze durch deutsche Käufer für Polen auf ca. 600.000, in Tschechien, Holland oder Rumänien auf etwa 300.000.

Angesichts dieser Fakten muss deutlich werden, dass die anhaltende Kritik an der deutschen Ausfuhrleistung (vor allem durch Klein- und Mittelunternehmen) weitgehend interessenorientiert ist und nicht sachlich gerechtfertigt oder richtiger wird, wenn sie von renommierten internationalen Institutionen, von Finanzinvestoren oder auch von Nobelpreisträgern kommt!

(Quelle: Veröffentlichung der FAZ vom 19.04.2014)

13.2 Ausblick und Schlusswort

Wo liegen die Chancen und Risiken des Außenhandels und der damit einhergehenden Globalisierung? Wo stehen in diesem Gesamtgefüge Klein- und Mittelbetriebe? Welche Fragen müssen gestellt werden, was sind die größten Herausforderungen?

Hier stichwortartig eine Auflistung der wesentlichen Herausforderungen, die für Exporteure wie auch für Importeure gleichermaßen gelten:

- neue, unbekannte Gesetze
- steigender Konkurrenzkampf
- verändertes Kundenverhalten
- Währungsrisiken
- neue Mitbewerber
- Innovationsrückstand
- Transportkosten
- sinkende Margen
- Social Media
- Korruption
- neue Vertriebskanäle
- Personalverhalten
- etc.

Bevor Sie im Ausland aktiv werden, sollten Sie diese Fragen bedenken und möglichst schlüssig beantworten können. KMUs müssen **kritisch** ihre Kompetenz und die Wahrscheinlichkeit, diese Herausforderungen zu meistern, hinterfragen. Es werden ganz neue Problemfelder und Krisengebiete auftauchen, die heute noch nicht (oder fast nicht) beachtet werden.

Die Globalisierung und Überwindung nationaler Grenzen beeinflusst unser Leben wie kaum etwas anderes. Dasselbe gilt für die Überwindung von Kommunikationsgrenzen. Der schwedische Zu-

13.2 Ausblick und Schlusswort

kunftsforscher Dr. Kjell Nordström ist davon überzeugt, dass Globalisierung und grenzenlose Kommunikation zukünftig noch prägender und wichtiger sein werden. Er glaubt, dass die Lebensmittelproduktion einen ähnlichen Stellenwert annehmen wird, wie heute Energie und Rohstoffe. Vermutlich wird der Kampf um Wasser den Kampf um Öl ablösen oder übertreffen. Fantasie, Kreativität und Innovationsfähigkeit werden die Rohstoffe von morgen sein.

Es ist auch wahrscheinlich, dass sich unser Umfeld, die Welt insgesamt, ganze Völker und politische Rahmenbedingung schneller ändern werden, als uns lieb sein kann. Die augenblickliche Krise der Ukraine und Krim führt uns dies drastisch vor. Investitionen, die geplant waren, scheinen plötzlich nicht mehr sinnvoll, Märkte brechen über Nacht weg.

Es ist überlebenswichtig, dass sich Unternehmer mit diesen Fragen beschäftigen, sie strategisch angehen und in langfristige Entscheidungen einbeziehen. In KMUs muss das vor allem die Aufgabe der Inhaber und/oder der Geschäftsleitung sein.

Gott sei Dank bietet dieses Zukunftsszenario nicht nur Gefahren und Risiken, sondern auch beträchtliche Chancen und Möglichkeiten. Besonders die innovativen und technik- bzw. qualitätsorientierten deutschen Unternehmen des Mittelstandes sind da gefragt. Sie sind welt- und außenhandelserfahren genug, um diese Gelegenheiten zu nutzen. Oft werde ich auf Reisen nach deutschen Exporteuren gefragt, die einen ganz bestimmten Service oder ganz spezielle Produkte bieten können. Zum Beispiel in der Umwelttechnik (Wasseraufbereitung), Kommunikationsindustrie, im Gesundheitswesen oder im Baubereich. Dasselbe gilt auch für hochwertige, innovative und modisch-aktuelle Waren aus dem Konsumbereich.

Um die gebotenen Chancen wahrnehmen zu können, ist jedoch die politische Flankierung und Chancengleichheit auf dem Weltmarkt zwingende Voraussetzung. Die Politik muss stabile und wirtschaftsfreundliche Rahmenbedingungen schaffen und die Unternehmen bei ihren Außenhandelsbemühungen unterstützen. Im Gegensatz zu vielen Sonntagsreden und Beteuerungen der Politik greift leider zunehmender Protektionismus um sich. Gerade die großen Schwellenländer schotten ihre Märkte immer stärker ab. Hier besonders müssen die Bundesregierung und gegebenenfalls die zuständigen EU-Behörden schnell und effektiv eingreifen. Instrumente hierfür sind Marktzugangs-Datenbanken zur Informationsbereitstellung und im Inland ansprechbare Regionalinitiativen, die über Partner vor Ort tätig werden können.

Der Weltmarkt und eine nie gekannte Transparenz schaffen auch für innovative und flexible Importeure Chancen, um Firmen und Konsumenten mit Produkten zu versorgen, die bisher nicht bekannt oder nicht gefragt waren. Es sollte aber klar sein, dass Standardprodukte und Massenwaren für Start-ups und für Importfirmen nicht mehr sehr attraktiv und Erfolg versprechend sind. Global Players und Großfirmen des Handels und der Industrie können solche Waren selbst problemlos und kostengünstig beschaffen. Das spezielle Wissen erfahrener Außenhändler ist hierfür nicht mehr erforderlich!

Bedeutende Chancen aber bieten technisch anspruchsvolle und erklärungsbedürftige Waren und Neuheiten, die praktisch täglich irgendwo auf der Welt auf den Markt kommen. Es gibt ausreichend Nischenprodukte, die sich entweder aufgrund ihres geographischen Ursprungs, wegen zu geringer Mengenvorgaben oder großer technischer Anforderungen nicht für Direktbeschaffung von Großfirmen eignen. Spezialisierung auf bestimmte Regionen oder Länder oder auf Warenbereiche, verbunden mit großer Service- und Leistungskompetenz und mit umfassendem Know-how, ist gefragt.

Unternehmer sollten sich mehr und mehr mit Problemen und Fragen beschäftigen, die über den Tellerrand der bisherigen betrieblichen Tätigkeit reichen. Um sich bietende Geschäftsmöglichkeiten und Wachstumschancen erkennen und nutzen zu können, wird es immer wichtiger werden, über politische Entwicklungen und sich abzeichnende Tendenzen weltweit informiert zu sein. Besonders gilt dies für handels- und außenhandelsrelevante Entscheidungen.

13.2 Ausblick und Schlusswort

▶ **Anmerkung** wie gehen deutsche Unternehmen, besonders des Mittelstands, mit den großen und sehr weitreichenden Herausforderungen von **Industrie 4.0 (Internet der Dinge)** um? Was bedeutet diese „vierte Industrielle Revolution" für den künftigen Warenfluss, für die weltweite Beschaffung? Wie werden sich (vermutlich sehr schnell) Warenströme, Produktionsverfahren und Fertigungsstandorte verändern, welche neuen Qualifikationen werden gefragt sein? Erkennen wir, dass die Aus-wirkungen nicht nur die Produktion stark tangieren werden, sondern die gesamte Wirtschaft von der Planung bis zum Endverbraucher, also schon zu Recht von **Wirtschaft 4.0** gesprochen wird? Was bedeutet der zunehmende Gebrauch von **3 D-Druckern** für internationale Handelsunternehmen, welche Folgen für Logistik und Organisation, für **global Sourcing** ergeben sich?

Gerade für kreative und entscheidungsfreudige, innovative KMUs sehe ich hier ein bedeutendes Wachstums- und Expansionspotenzial. Wenn man weiß, dass die größten Handelshemmnisse nicht mehr im Bereich der Zollschranken liegen, sondern nichttarifäre Handelsbarrieren eine sehr viel größere Bedeutung haben, lässt sich nachvollziehen, wie und wo dabei Klein- und Mittelbetriebe speziell tätig werden und profitieren können. Die ausgeprägtere Flexibilität und schlankere Organisation sollten hilfreich sein, um solche Nischen schnell wahrzunehmen und Geschäfte anzubahnen, die nicht durch hohe Zollschranken behindert werden.

Schließlich sind in den meisten Industriestaaten die Einfuhrzölle recht niedrig (im Gegensatz übrigens zu vielen Schwellenländern). Chancen bieten auch sehr aktuelle politische Entscheidungen, z. B. das geplante Freihandelsabkommen der EU mit den USA, oder die Tatsache, dass gewisse Entwicklungs- oder Schwellenländer den Export von Rohstoffen beschränken (Indonesien) und sich deshalb Beschaffungsmärkte neu organisieren müssen.

Global Player konzentrieren sich oft auf große und volumenstarke Märkte und sind nicht im selben Maße an kleineren Ländern oder Märkten mit geringerer Aufnahmefähigkeit interessiert. Wenn Sie jedoch bedenken, welche enorme Dynamik und Leistungsfähigkeit von Volkswirtschaften ausgeht, die nicht immer im Fokus der Großunternehmen stehen, lassen sich die Chancen für KMUs in solchen Ländern erahnen. Ich denke da zum Beispiel an Panama mit der vermutlich größten Baustelle der Welt (Vergrößerung/Umbau des Panama-Kanals) oder an Singapur. In diesem – sehr erfolgreichen – Kleinstaat wurde in sehr kurzer Zeit ein Milliardenbauvorhaben geplant, fertiggestellt und in Betrieb genommen (Gardens by the Bay). Ähnliche Projekte – vielleicht nicht in solchen Größenordnungen – gibt es in Chile und Mexiko sowie im Transportbereich und im Einzelhandel in Afrika (ein unterschätzter Kontinent). Alle diese Länder sind keine BRICS-Staaten, dennoch Märkte mit enormen Optionen für findige und kreative Unternehmer, sowohl im Zulieferer- als auch im Dienstleistungsbereich!

▶ Abschließend noch ein sehr praktischer Hinweis. Stellen Sie bei allen Verhandlungen und in allen Verträgen sicher, dass Ihre Bemühungen für ein bestimmtes Produkt oder für eine Region – als Importeur oder Exporteur – langfristig geschützt und vertraglich abgesichert sind. Sehr oft geschieht es, dass Lieferanten versuchen, nach einer Schamfrist den Markt direkt zu beliefern oder an Ihnen vorbei Kunden zu bedienen.
Ähnliches gilt natürlich auch auf der Exportseite. Es ist für europäische oder inländische Hersteller verlockend, einen Auslandsmarkt zunächst durch Sie bearbeiten und öffnen zu lassen und anschließend Geschäfte dann in Eigenregie direkt abzuwickeln.

Schlussgedanke
Wie wichtig es ist, Grenzen offen zu halten und in Frieden internationalen Handel zu treiben, belegen gerade die erschreckenden Ereignis-

13.2 Ausblick und Schlusswort

se und Krisen im Herbst des Jahres 2014. Wie sagte doch der französische Ökonom und Liberale Frederic Bastiat (1801 - 1850)?

Wenn Waren Grenzen nicht überschreiten, werden es Soldaten tun.

Wäre das besser?

Literatur

1. Statistisches Bundesamt. Fakten im deutschen Außenhandel 2012, Berlin 15. März 2013.
2. EU-Kommission Brüssel Presseveröffentlichung. 2011. Small and medium sized enterprises: the situation in EU Member States 2010. Europa.eu/rapid/press-MEMO-11-661.
3. Bundesministerium für Wirtschaft und Technologie. Berlin- EU Organe der Handelspolitik – Prinzipien der EU Handelspolitik- Deutschlands, Handelspolitik
4. Zeitler, Gerd. Promoting sustainable Economics – wordpress com/ volkswirtschaftslehre und wirtschaftspolitik „Kompendium der sozialökologischen Ökonomik".
5. DIHK – Bundesministerium für Wirtschaft und Technologie, Berlin. The German Chamber Network.
6. Kolloge, K. 2007. Kooperationsformen für Asien – ein systematischer Vergleich für unterschiedliche Länder. Münster.
7. Hilber, Wolfgang. 2009. Lexikon der Philosopie. 7Hill Publishing.
8. Hofstede, Geert (geb. 2. Okt. 1928 in Haarlem). The Hofstede Centre Dimensions of culture. geert-hofstede.com/dimensions.
9. von Carlowitz, Hans Carl. 1645–1714. Lexikon der Nachhaltigkeit – Online Ausgabe 2002.
10. Brundtland, Gro Harlem. World Commission on Environment – Earth Summit 1992.
11. Roberts, Natasha. 2009. Promoting of social responsibility in SMEs of the developing world. Diplomarbeit, Genf.
12. European Commission. Brüssel Direktion Employment, Social Affairs and Inclusion. Okt. 2011.
13. Castor, Volker. 2004. Außenhandel. www.dioskur.de.

14. Europäische Kommission, Brüssel. 2010. Veröffentlichung Generaldirektion „Zoll" Ec.europa/taxiation and customs procedures.
15. WTO – World Trade Organization. Gleichstellung ausländischer mit inländischer Ware auf dem Gebiet der inneren Abgaben und Rechtsvorschriften. Art. 3, Genf.
16. EuroCommerce, Brüssel. 2013. Presseverlautbarung nach Sitzung des International Trade Committees (ITC).

The manufacturer's authorised representative in the EU is Springer Nature Customer Service Centre GmbH, Europaplatz 3, 69115 Heidelberg, Germany. If you have any concerns regarding our products, please contact ProductSafety@springernature.com

Printed and bound by CPI Group (UK) Ltd, Croydon, CR0 4YY
23/03/2026
02076394-0005